mairisch mono

[mairisch 60]
1. Auflage, 2017

Lektorat: Peter Reichenbach, Daniel Beskos
Korrektorat: Annegret Schenkel | www.korrektorat-schenkel.de
Gestaltung: Chris Campe | www.allthingsletters.com
Autorenfoto: Mathias Güntner
Druck: Beltz Grafische Betriebe

Gedruckt in Deutschland

ISBN Buch: 978-3-938539-45-3
ISBN E-Book: 978-3-938539-76-7

www.mairisch.de

Dagrun Hintze

BALLBESITZ

Frauen, Männer und Fußball

Inhalt

Anpfiff 9
Erste Liebe 10
Frauen, Männer und Fußball 13
Männer, Frauen und Fußball 16
Brot und Spiele? 24
»Beckenbauro« 31
Neuer, Schiller, Shakespeare 36
Endorphine 42
Die Sache mit dem Kaffeeservice 65
Verbuddelte Kaninchen 75
Aufstiegsträume 81
Ernst-Kuzorra-seine-Frau-ihr-Stadion 86
Schalke 05 92
Abpfiff 101

»Die Frauen haben sich entwickelt in den letzten Jahren. Sie stehen nicht mehr zufrieden am Herd, waschen Wäsche und passen aufs Kind auf. Männer müssen das akzeptieren.«

Lothar Matthäus

Anpfiff

Freund Jan und ich stehen nebeneinander am Tresen. Borussia Dortmund ist im DFB-Pokal gerade souverän gegen Paderborn weitergekommen, und wir hatten schon ein paar Biere zu viel.

Mit schwerer Zunge sagt Jan: »Ich habe nachgedacht. Du solltest mal was über Frauen und Fußball schreiben.«

»Und warum sollte das dann irgendwer lesen?«, frage ich und bestelle noch eine Runde.

»Weil du schlauer über Fußball quatschst als ’n Mann.«

Erste Liebe

Eines Nachts im Herbst 1993 küsste ich am Brodtener Ufer einen jungen Schauspieler, in den ich mich während meiner Regie-Hospitanz bei einer Theaterproduktion verliebt hatte. Irgendwann zitterten wir vor Kälte, doch als ich vorschlug, einen wärmeren Ort – seine Wohnung – aufzusuchen, murmelte er plötzlich etwas von »Nichts überstürzen« und verabschiedete sich. Den Rest der Nacht verbrachte ich allein und einigermaßen gekränkt.

Schon am nächsten Abend war von »Nichts überstürzen« keine Rede mehr. Aber erst ein Jahr später – inzwischen lebten wir zusammen – brachte er den Mut auf, mir zu sagen, warum er mich damals nicht gleich mit nach Hause genommen hatte: wegen der Borussia-Dortmund-Bettwäsche.

Ich konnte ihm zu seiner Umsicht nur gratulieren. Denn dass ein Typ, der tagsüber die großen Rollen der Theaterliteratur studierte, nachts in Fußballvereinsbettwäsche schlief, hätte mich definitiv abgeschreckt – um nicht zu sagen: auf der Stelle die Flucht ergreifen lassen – geschweige denn, dass ich mir in dieser Bettwäsche irgendetwas hätte vorstellen können, das auch nur im Entferntesten mit Sex zu tun gehabt hätte. Zu dieser Zeit hielt ich Fußball nämlich für eine außerordentlich stupide Angelegenheit: Männer mit Schnauzbart und Bierfahne guckten 22 genauso unappetitlichen Geschlechtsgenossen dabei zu, wie sie einem Ball hinterherrannten, grölten primitive Schlachtgesänge und hauten sich nach dem Spiel gegenseitig auf die Fresse. Die schlimmsten von ihnen schwangen zudem Deutschlandfahnen und skandierten im Stadion »Sieg!« so, dass man das »Heil!« immer mithörte. Von den obszönen Geldsummen, die in diesem Betrieb unterwegs waren, gar nicht zu reden – für mich war Fußball eher Menschenhandel als Sport und außerdem ein System, in dem der ungezügelte Kapitalismus sich noch schneller ausbreitete als anderswo.

Bei der WM 1994 zeigte Stefan »Effe« Effenberg dem Publikum den Mittelfinger, und Deutschland flog im Viertelfinale gegen Bulgarien raus. Natürlich hatte ich mir das Spiel nicht angesehen, aber mein Schauspieler war so untröstlich, dass ich ihm zumindest die BVB-Bettwäsche aufzog, die in der hintersten Ecke unseres Schrankes verstaubte – was den Schmerz ein wenig linderte. Während des Champions-League-Finales 1997 stand er auf der Bühne und spielte den Ferdinand in Schillers *Kabale und Liebe* als besonders misanthropischen Helden – verpasste er doch gerade etwas sehr viel Emotionaleres als Luises romantische Liebe. Sein Bühnentod fiel deutlich kürzer aus als sonst, und kaum hatte er sich abgeschminkt, sprang er ins Auto, um die knapp 400 Kilometer nach Dortmund zu koffern, wo sämtliche Kantsteine schwarz-gelb angemalt worden waren und auf den Straßen das Freibier floss. Pünktlich zur Vorstellung am nächsten Abend war er zurück und hatte keine Sekunde geschlafen. Ich fand eine solche Verausgabung für – ja, was eigentlich? – vollkommen absurd. Und musste doch zum ersten Mal erkennen, dass es offenbar ein emotionales Zentrum gibt, das nur Fußball aktivieren kann. Und über das zu diskutieren beziehungsgefährdend sein würde.

Wir trennten uns dann wegen etwas anderem. Aber zur Geburt seines Sohnes schickte ich ihm vollkommen unironisch einen Satz BVB-Schnuller, schließlich kann man nicht früh genug anfangen mit der Identitätsbildung. Vor einiger Zeit traf ich ihn in Zürich – wir hatten einander lange nicht gesehen, nur gelegentlich SMS über die fußballerische Lage in Dortmund ausgetauscht und wollten eigentlich einen Spaziergang machen und uns unterhalten – doch er wirkte angespannt: »Ich kriege das Derby nicht aus dem Kopf.« Damit sprach er mir aus der Seele. Also suchten wir eine von deutschen Männern bevölkerte Kneipe auf, in der Bundesliga lief. Der BVB gewann gegen Schalke, und wir fühlten uns innigst miteinander verbunden, ohne dass wir jenseits knapper Kommentare zum Spielverlauf auch nur irgendein Wort gewechselt hätten.

Etwas musste mit mir passiert sein.

Frauen, Männer und Fußball

Wenn Frauen mir heute sagen, dass sie sich nicht für Fußball interessieren, weil sie keine Lust haben, 22 Typen dabei zuzusehen, wie sie einem Ball hinterherrennen, weil sie der Nationalismus bei internationalen Turnieren genauso abstößt wie Hooligan-Gewalt und weil das Ganze doch mit Sport gar nichts mehr zu tun hat, sondern nur noch mit Geld – geht es mir vermutlich wie den meisten Männern: Ich verdrehe innerlich die Augen und denke: »Jetzt geht das wieder los.« Dabei haben diese Frauen ja recht. Nur, dass das nicht der Punkt ist. Was sie nicht wissen können, denn sie haben offenbar nie erlebt, wie 90 Minuten lang alles außer Kraft gesetzt wird, was das eigene Leben ausmacht. Dann gibt es nichts Wichtigeres als die Frage, ob Boateng schon wieder fit ist oder ob das jetzt ein absichtliches Handspiel war oder nicht. Die Feststellung, dass Fußball eine größere Nähe zu den Dionysien der griechischen Antike aufweist als die meisten Theateraufführungen, die ich besuche, mag eine Plattitüde sein, zutreffend ist sie dennoch. An der Ekstase teilhaben zu können setzt allerdings zwei Dinge voraus: Wissen und Berührtsein. Wer sich nie mit den Grundlagen des Spiels beschäftigt hat, wird besondere technische

Eleganz, die Genialität eines Spielzugs oder eine katastrophale Abwehrleistung nicht erkennen (und ergo auch nicht genießen oder verfluchen) können. Wer nie vor Wut über ein Kontertor oder eine Fehlentscheidung gegen den Couchtisch getreten hat, dem fehlt emotionale Identifikation. Und Empathie für Spieler, die nach einer Niederlage gemeinsam mit ihren Fans in Tränen ausbrechen und nach einem Sieg gar nicht mehr wegwollen von der Tribüne. Nicht nur für Fußball, sondern für jede Kulturtechnik gilt: Man muss sich schon intellektuell und emotional darauf einlassen, will man etwas erfahren. Eine Meinung zu entwickeln, die eine echte Meinung ist und nicht nur Gedöns, setzt Kenntnis und Vertiefung voraus.

Die Wahrheit liegt zunächst mal auf dem Platz. Und erst, wenn das jede und jeder kapiert hat, können wir all die kritikwürdigen Dinge besprechen, die der Fußballbetrieb zweifellos mit sich bringt. Das heißt nämlich auch, die Spannung auszuhalten, die es bedeutet, ein Spiel zu lieben und seine zum Teil unerfreulichen Begleitumstände trotzdem zu kritisieren und zu bekämpfen. Als Vergleich können wir gern den Kunstbetrieb heranziehen: Bloß weil die Ökonomisierung desselben Perversionen aller Art zeitigt (die zugegebenermaßen auch jede Menge Doofheit und Zynismus ins System einsickern lassen), ändert das nichts daran, dass die Kunst in ihrem eigentlichen Kern weiterhin eine utopische Möglichkeit birgt: Einen Platz außerhalb der Welt einzunehmen, um von dort aus den Hebel anzulegen.

Wo war ich? Bei Frauen, die Fußball mehrheitlich von außen betrachten und tendenziell ablehnen. Es sei denn, es ist zufällig WM oder EM und sie können lustige Ronaldo-Trikots anziehen, sich Schwarz-Rot-Gold auf die Wangen malen und das Video-Tagebuch von Cathy Fischer (seit 2015 Fischer-Hummels) scheiße finden. Dass sie damit in derselben Liga spielen wie jene Frauenmagazine, die »Fußball-Rezepte« und »die richtige Tischdeko zur EM« propagieren, scheint sie nicht zu stören. Wer auf solche Weise immer wieder die allerdämlichsten Geschlechterklischees reproduziert, muss sich nicht wundern, wenn in einer Studie aus dem Jahr 2014 fast 30 Prozent der deutschen Männer angeben, Fußballspiele lieber mit Kumpels zu gucken und sich durch die Anwesenheit ihrer Partnerin gestört zu fühlen. Die Dunkelziffer dürfte weitaus höher liegen.

Männer, Frauen und Fußball

Es gibt unter all meinen Freundinnen nur eine einzige, mit der ich ernsthaft über Fußball reden kann. Sie heißt Tania, ist Schriftstellerin und im Besitz einer Dauerkarte für den FC St. Pauli. Ihre Stimme kann man auch im Stadion hervorragend verstehen, und ihre Spielanalysen sind so scharf wie ihre Ansichten zu Politik und Literatur. Nur einmal habe ich an ihrem fußballerischen Sachverstand gezweifelt und wurde dafür auf der Stelle bestraft: Ich war in Marseille und im Besitz einer Karte fürs Halbfinale gegen den Gastgeber der EM 2016. Tania schickte mir eine SMS, in der sie mich bat, falls jemand in meiner Nähe einen Rollkoffer mit sich führe und plötzlich laut auf Arabisch zu beten beginne, keinen interkulturellen Dialog zu versuchen, sondern zu rennen. In derselben SMS prophezeite sie, dass Deutschland bei diesem Spiel ausscheiden würde, und zwar wegen Hirnblockade, was uns als Schreibenden ja durchaus vertraut sei. Ich las die SMS in größerer Runde vor, alle reagierten mit Kopfschütteln. Wie die Sache ausging, ist bekannt und »Hirnblockade« nicht die schlechteste Beschreibung für das, was die arme La Mannschaft befiel. Niemals wieder werde ich die Kompetenz meiner Freundin infrage stellen. Und auch weiterhin mit ihr in die Kneipe gehen, um Fußball zu gucken – allerdings keine Champions-League-Spiele mehr, bei denen Bayern München auf dem Platz steht wie in der letzten Saison. Denn natürlich ist Tania gegen Bayern (ich bin auch gegen Bayern, aber nicht in der Champions League) und lässt das auch den Rest der Kneipe wissen, indem sie bei Gegentoren theatralisch jubelt. Achtzig Männer um uns herum schwanken zwischen Aggression und Faszination, einer pirscht sich heran und fragt: »Interessiert ihr euch wirklich für Fußball?« Den Rest des Spiels stellt er uns Testfragen, die wir leidenschaftslos beantworten. Als ein Bayern-Tor fällt und ich mich darüber freue, nennt Tania mich »Kapitalistenschlampe«. Er: »Deine Freundin sagt Kapitalistenschlampe zu dir.« Ich: »Ja, und?«

Noch am selben Abend finde ich von ihm eine Nachricht auf Xing, wir könnten doch mal einen Kaffee trinken gehen.

Wir gingen keinen Kaffee trinken, aber ich musste einmal mehr an die These von meinem Freund Jan, gebeutelter HSV-Fan, denken: »Eine Frau, die was von Fußball versteht, bekommt jeden Mann.« Ganz so weit würde ich nicht gehen, zumal ich nicht selten Männern begegne, die von Fußball wenig bis gar keine Ahnung haben und sich von zu viel diesbezüglicher Kompetenz auf weiblicher Seite eher bedroht fühlen. Derlei Kastrationsängste werden meist durch besonders selbstbewusste Bescheidwisserei kompensiert, was die Angelegenheit nur unerfreulicher macht: Nichts auf der Welt ist unsexyer, als sich Knalltüten-Kommentare anhören zu müssen, wenn's auf dem Platz gerade ernst wird. Während Frauen sich gern damit hervortun, Mats Hummels »sooo süüß« zu finden (was zweifellos der Wahrheit entspricht, allerdings nicht das Geringste zur Sache tut, wenn der Elfmeter gegen Italien reinmuss), geben die fußballerisch unterbelichteten Herren lieber den Schlaumeier: »Wenn der HSV so weiterspielt, steigt er ab« (der HSV steigt nicht ab, ganz egal, wie er spielt), »Müller muss dringend ausgewechselt werden« (Müller wechselt man niemals aus, das hatte am Ende sogar Pep Guardiola begriffen und gilt selbst dann, wenn er an EM-Seuche leidet) oder, mein Lieblings-Idiotensatz, »Der Türke darf ja immer spielen, obwohl er nichts bringt« (wer Mesut Özil jemals live erlebt hat und ohne Blindenhund unterwegs ist, weiß, dass es sich bei diesem Typen um einen der feinsten Spieler des Kontinents handelt).

Worauf wollte ich hinaus? Genau, Fußballsachverstand steigert die Attraktivität von Frauen – zumindest in den Augen jener Männer, die selbst welchen besitzen. Mein eigener Mann würde das bestimmt unterschreiben. Ich denke, er liebt mich für viele Dinge, für meine atemberaubende Schönheit zum Beispiel, meinen messerscharfen Verstand, meinen unglaublichen Humor, meine Großzügigkeit, dafür, dass ich fantastisch kochen kann und wahnsinnig gut im Bett bin – aber am allerallermeisten liebt er mich, weil ich am Samstagabend mit ihm *Sportschau* gucke.

Bitte nicht missverstehen: Leidenschaft für Fußball ist keine Taktik, um Männer aufzureißen. Leidenschaft für Fußball ist Leidenschaft für Fußball. Für ein Spiel, das nur einen Ball benötigt und zwei Tore. Und deshalb überall auf der Welt gespielt wird – und zwar ganz egal, wie viele Oligarchen und Scheichs sich noch eigene Clubs kaufen und was für ein korrupt-krimineller Haufen die verdammte FIFA auch ist und unglückseligerweise erst mal zu bleiben scheint. Nur beim Fußball kann es passieren, dass eine viertklassige Mannschaft gegen eine erstklassige gewinnt, keine andere Ballsportart kennt solche Situationen. Den Ball mit dem Fuß zu kontrollieren ist eine ungleich größere Herausforderung als mit der Hand oder mit einem Schläger, deshalb fallen beim Fußball weniger Tore. (Selbst der in der Anwendung komplexe Hockeyschläger bedeutet immer noch eine Armverlängerung und damit einen, wenngleich hauchdünnen, Vorteil gegenüber dem Fuß.) Ein Pass, eine Flanke, ein Torschuss – kann immer auch schiefgehen. Und manchmal eben wundersam glücken. Genau diese Unwägbarkeit macht Fußball nicht nur zu einem einzigartigen Spiel, sondern zu einem Gleichnis aufs Leben. Man kann besser sein und trotzdem scheitern. Man kann mit Leidenschaft und Willen sein Glück zwingen, auch bei einem objektiv stärkeren Gegner. Das Schicksal (vulgo: Fußballgott) steht immer mit auf dem Platz.

Ich meine das übrigens vollkommen ernst. Und finde es bedauerlich, dass viele Frauen sich einer Erfahrung berauben, die viel weniger mit bierseligem Zeitvertreib zu tun hat als mit Nachdenken über das Leben: anhand von Fußballspielen. Nur deshalb sitzen Männer endlos zusammen und fachsimpeln – weil es immer wieder um alles geht.

Manchmal gibt es in Sachen weiblicher Fußballkompetenz allerdings erfreuliche Überraschungen. Zum Beispiel im Juni 2016: Das Dresdner Staatsschauspiel feiert den Abschied des scheidenden Intendanten. Die Reden sind vorbei, die Party kann losgehen. Ein paar Fernseher werden eingeschaltet, und mit halbem Auge nehme ich das sterbenslangweilige Achtelfinale Wales – Nordirland zur Kenntnis. Für das folgende Spiel Kroatien – Portugal sichere ich mir einen Platz direkt vor einem der Bildschirme, neben mir sitzt eine dänische Kollegin. Kaum erscheint Cristiano Ronaldo im Bild, hebt um uns herum das Geläster an, bei dem die Männer den Ton angeben: *Poser, steht auf Unterwäschemodels, zupft sich die Augenbrauen* undsoweiter. Ich wünsche mir, wie schon sehr häufig und nicht nur beim Fußballgucken, dass mein Körper mit so etwas wie automatischen Ohrenklappen ausgestattet wäre. Denn Ronaldo-Bashing liegt für mich im Sommer 2016 noch in der alleruntersten Schublade, wenn es um Konversationsangebote angesichts eines Portugal- oder Real-Madrid-Spiels geht. Natürlich sieht es bescheuert aus, wenn CR7 zum Freistoß antritt oder seinen Torjubel zelebriert. Ansonsten stellt dieser Mann auf dem Platz jedoch eine so höchstseltene Eleganz zur Schau, dass selbst ein John Neumeier seine Freude daran haben müsste. Außerdem gehört er zu den Profifußballern, die am meisten Geld für soziale Projekte aufwenden, verzichtet wegen Infektionsgefahr auf Tätowierungen, um weiter als Stammzellenspender für Blutkrebspatienten zur Verfügung stehen zu können, und wurde – im Gegensatz zum ewigen Konkurrenten und Sympathieträger Lionel Messi – noch nie wegen Steuerhinterziehung verknackt. Stopp! Da war leider noch was. Im Dezember 2016 klärt uns die Plattform *Football Leaks* nämlich über die dubiosen Steuerpraktiken von Ronaldo, Özil und Co. auf. Und Leute, echt – auch wenn man bei Millionenverdienern wohl am besten immer mit dem Schlimmsten rechnet – es ist doch wirklich nicht zu fassen. Jeder weiß, dass diese abscheuliche Gier unseren Planeten ruiniert und alle Solidarität unterhöhlt – warum sollen andere dann bitte nicht die Agentur für Arbeit oder die Künstlersozialkasse bescheißen? Wenn Fußballspieler mit Vorbildfunktion offenbar finden, dass Briefkastenfirmen in der Karibik 'ne richtig geile Idee sind? Können die sich gefälligst daran erinnern, dass auch sie mal ganz normale Menschen waren, die nebenbei noch keine

Luxushotels eröffnet haben? Und vor allem: Dass sie die Kohle für ebendiese Luxushotels plus verbrecherische Finanzberater nur verdienen, weil WIR sie spielen sehen wollen? Die Entschuldigung, das seien doch nur Jungs, die mit dem Ball rummachen und gar nicht wissen, was mit ihrem Geld passiert, kann ich übrigens nicht mehr hören. Aber zurück in den Dresdner Sommer. Die dänische Kollegin hat kein Wort über Ronaldo gesagt, stattdessen murmelt sie jetzt »Abseits«, bevor die Fahne oben ist. Das Spiel ist genauso öde wie das vorige, also frage ich sie nach ihrem Verhältnis zum Fußball. Ihre Augen beginnen zu leuchten, sie erzählt von 1992. Wegen des Balkankonflikts war Jugoslawien aus dem Turnier genommen worden, das dänische Team, dessen Spieler bereits ihren Sommerurlaub angetreten hatten, rückte nach und besiegte im Finale – Sensation – Deutschland. »Berti Vogts hat verboten, dass die Spielerfrauen zu Besuch kommen, daran lag's«, meint Mary und grinst. Und versteht gar nicht, warum es in Sachen Fußball einen Geschlechtergraben geben sollte – in Dänemark sei es selbstverständlich, dass Frauen und Männer sich gleichermaßen dafür interessierten. Gelobtes Skandinavien. Als größte Fußballexpertin ihres Heimatlandes führt sie dann ihre eigene Mutter ins Feld: »Die lehnt es ab, Fußballspiele in Gesellschaft anzuschauen, ganz besonders in männlicher. Wegen des dämlichen Gequatsches, das einen nur ablenkt.« Die Ronaldo-Basher haben mitgehört und verstummen schlagartig. Jeg elsker dig, Mary. Würdest du mich deiner Mutter bitte vorstellen? Vielleicht macht sie bei der nächsten WM eine Ausnahme und lässt mich im Wohnzimmer mit vor den Fernseher. Ich werde für Dänemark jubeln. Und ansonsten schweigen, versprochen.

Brot und Spiele?

Wer, wie viele Frauen es tun, behauptet, Fußball jenseits der Jugendmannschaft von Altona 93 sei eine rein kommerzielle Inszenierung, die alte »Brot und Spiele«-Nummer, die nur dazu diene, das Volk zu betäuben, lässt außer Acht, dass die Fußballkultur eines Landes immer auch die jeweiligen gesellschaftlichen Verhältnisse widerspiegelt bzw. diese sogar verändern kann. (Mit »Fußballkultur« meine ich hier nicht nur das Auftreten der Nationalmannschaften, sondern auch das Verhalten der Fans.) Erinnern wir uns an die WM 1998 – Frankreich wurde Weltmeister, und die Équipe Tricolore hieß auf einmal nicht mehr »Les Bleus«, sondern »Black-Blanc-Beur«, ein Name, der Schwarze, Weiße und Maghrebiner vereinte. Noch 2016 bestätigten die Franzosen, mit denen ich auf den Straßen Marseilles ins Gespräch kam, wie sehr diese Weltmeisterschaft von 1998 das gesellschaftliche Klima beeinflusst hat – plötzlich gab es eine neue Identität, ein neues Wir-Gefühl und jede Menge Hoffnung, fortan einen gemeinsamen Weg gehen zu können. Diese Hoffnung starb 2005, als in den Banlieues von Paris die Gewalt eskalierte und Monsieur Sarkozy ankündigte, die Vorstädte »mit dem Kärcher säubern« zu wollen. Bei der WM 2006 zerstörte dann ausgerechnet Einwandererkind Zinédine Zidane, der 1998 noch das Finale entschieden hatte, mit seinem unseligen Kopfstoß den französischen Titeltraum. Und noch einmal vier Jahre später, in Südafrika 2010, verkörperte das französische Team bereits eine katastrophal zerrissene Gesellschaft, in der jeder Dialog unmöglich geworden war – so konnte der Front National weiter punkten.

Ebenfalls 1998 wurde der französische Polizist Daniel Nivel von deutschen Hooligans beinahe totgeprügelt. Bis heute leidet er an den Folgen seiner schweren Verletzungen. Dennoch saß er bei der WM 2006 auf Einladung des DFB (der auch eine Stiftung gründete, um Nivel und andere Gewalt-Opfer zu unterstützen) auf der Ehrentribüne und sah die Partie Deutschland gegen Polen – eine größere Geste der Aussöhnung ist wohl kaum denkbar. Überhaupt, das Sommermärchen. Nichts hat seit Ende des Zweiten Weltkriegs das Deutschlandbild nach innen und außen so sehr verändert wie dieses Turnier – wo immer auf der Welt man seitdem mit Menschen über Fußball redet, wird das offenbar. (Die Lufthansa brachte 2016 einen sehr lustigen Werbefilm zum Thema: Ein englischer Fußballfan muss umbuchen und fürchtet sich vor einem Flug mit den Deutschen – in einer Vision sieht er Kuckucksuhren im Flugzeug, dralle Bund-deutscher-Mädel-Stewardessen, die ihm Schweinshaxe hinknallen, und, ganz schlimm, einen kleinen Jungen im deutschen

Trikot, der gehässig auf die vier Sterne zeigt. In der Realität erlebt er stattdessen eine moderne Fluglinie mit allen Annehmlichkeiten – bis er sich umdreht und sieht, dass der kleine Junge noch immer hinter ihm sitzt und genauso fies grinst.) Zum ersten Mal war die deutsche Mannschaft durch und durch sympathisch und eroberte die Herzen mit – oh Wunder – attraktivem Fußball. Selbst unser Trainer sah nicht mehr so aus, als wäre er der Steinzeit oder den 80er-Jahren entsprungen. Und ja, es ist mehr als wahrscheinlich, dass die Turniervergabe an Deutschland gekauft war. Und ja, das ist böse und sollte dringend aufgeklärt werden, damit man die Verantwortlichen zur Rechenschaft ziehen kann. Aber sorry – eine Fußballweltmeisterschaft in Deutschland ist mir, egal unter welchen Umständen sie zustande kam, tausendmal lieber als eine in Russland. Und trillionenmal lieber als eine in Katar.

Seit dem Sommermärchen 2006 zeigt sich La Mannschaft jedenfalls regelmäßig als Entwurf eines Deutschlands, wie es sein könnte, müsste man sich nicht mit Leuten rumschlagen, die Jérôme Boateng nicht zum Nachbarn haben wollen. Verglichen mit den rein weißen osteuropäischen Teams, deren Staatsoberhäupter gern mal die Grenzen dichtmachen, präsentiert sich *Schland* als selbstverständlich offene und moderne Gesellschaft – mir geht jedes Mal das Herz auf, wenn ich die Jungs vor dem Anpfiff betrachte, und ob einer die Hymne mitsingt oder nicht, ist mir vollkommen wurscht, ich singe sie schließlich auch nicht mit, weder vor dem Fernseher noch im Stadion. Nur Vollhonks glauben allen Ernstes, daran könne man mangelnde Identifikation ablesen. Und nur Vollhonks empfanden den Auschwitz-Besuch des deutschen Teams während der Fußball-EM in Polen als überflüssige Geste. Denn politisches Bewusstsein ist nun mal genauso unabdingbar wie gutes Benehmen (nicht in Hotelfoyers pinkeln, keine *pikanten Videos* verschicken), will man ein Land wie Deutschland repräsentieren. Ich gehe nicht davon aus, dass Mario Götze heimlich einen Mastertitel in Politologie führt, aber dass er auf die Frage, wie er zum *Brexit* stehe, seinem spanischen Kollegen Nolito gleich geantwortet hätte: »*Brexit*? Das ist ein Tanz, oder?«, halte ich für ausgeschlossen. (Der spanische Verband untersagte danach übrigens alle weiteren Fragen zu politischen Themen.)

Noch ein paar Beispiele für die Wechselwirkungen von Politik und Fußball, die uns die EM 2016 dankenswerterweise lieferte?

England: Junge Leute, die durchaus Potenzial haben, scheitern gegen beseelte Wikinger, weil alte Leute, Scheichs und Oligarchen seit Jahren die englische Fußballkultur versauen – die meinen nämlich u. a., im Mutterland des Fußballs müssten nicht mal eigene Trainer ausgebildet werden, kann man sich doch kaufen. Oder eben nicht. Und dann ist man raus und muss mit den Folgen leben.

Island: Das kleine Land, das die Finanzkrise vorbildlich bewältigt hat, geht nicht davon aus, die Vorrunde zu überstehen. Deshalb müssen im Eilverfahren provisorische Wahlbüros in Frankreich eingerichtet werden, damit Team und Fans – immerhin sind etwa 10 Prozent der Gesamtbevölkerung zur EM angereist – über ihren neuen Präsidenten abstimmen können. (Man stelle sich vor, das bürokratieverliebte Deutschland müsste so etwas organisieren.) Das Rennen macht dann der unabhängige Historiker Guðni Th. Jóhannesson. Huh!

Österreich: Die hatten ja eigentlich gerade gewählt. Zeigen in der Vorrunde aber trotzdem mentale Probleme – ist das Spiel womöglich zu rechtslastig? – und scheiden als Tabellenletzter aus. Die Bundespräsidentenwahl muss wiederholt werden und geht gerade noch mal gut aus. Für die EM gilt das nicht.

Russland: »Russland ist raus, ohne Applaus«, stellt Mehmet Scholl am Ende der Vorrunde fest. Recht hat er. Der Gastgeber der nächsten WM spielt mit dem im Durchschnitt ältesten Team, im Kader sind sogar vierunddreißigjährige Zwillinge. Ob das, was die Mannschaft auf dem Platz zeigt, noch *Fußball* genannt werden kann, ist fraglich. Dafür prügeln sich russische Hooligans mit englischen und legen kurzfristig Marseille in Schutt und Asche. Und Igor Lebedew, Vorstandsmitglied der Russischen Fußballunion, twittert:

»Ich kann nichts Schlimmes an kämpfenden Fans finden. Eher im Gegenteil. Bravo, Jungs. Macht weiter so!« Ich wünsche 2018 viel Spaß auf den leeren Tribünen. Vielleicht kommt Donald Trump ja mal gucken.

Kroatien: Rechtsradikale Ultras wollen den Turnierausschluss ihres ebenfalls rechtsradikalen Verbands erzwingen, schmeißen mit Pyrotechnik, prügeln sich im eigenen Fanblock und drohen, den Platz zu stürmen und den Schiedsrichter anzugreifen. Möchte – mal abgesehen von ein paar *Blood-and-Honour*-Freaks – noch irgendeiner in Kroatien Ferien machen?

Belgien: Geheimfavorit, Anfang 2016 auf Platz eins der (allerdings reichlich dubiosen) FIFA-Weltrangliste. Meinem Freund Carsten, der zwei Jahre in Brüssel gearbeitet hat, verdanke ich den Hinweis, warum die *Roten Teufel* Wales unterliegen mussten: Weil der Dauerkonflikt zwischen Flamen und Wallonen jede Art von Mannschaftsgeist unmöglich macht. Und dann gewinnen eben Waliser, die sich füreinander den Arsch aufreißen und bei denen nicht mal Gareth Bale Star-Allüren zeigt.

Und Frankreich? Neben La Mannschaft habe ich niemandem den Europameister-Titel mehr gegönnt als diesem verwundeten Land. Und ich hoffe sehr, dass die Begeisterung der Franzosen für ihr Team, das im Laufe des Turniers immer mehr zusammenfand, nicht nachlässt. Sollte der Finaleinzug von Pogba, Griezmann und Payet Marine Le Pen auch nur ein einziges Prozent ihrer Wählerstimmen kosten, ist schon eine Menge gewonnen.

Der belgische Schriftsteller und Fußballliebhaber Jean-Philippe Toussaint begreift das Verhältnis zwischen Fußball und Politik übrigens genau andersherum. »Die Brutalität der Welt bedroht den Fußball der Träume«, schreibt er in einem Aufsatz, der zu Beginn der EM in der *Frankfurter Allgemeinen Sonntagszeitung* erschien. Um dann bei der zentralen Frage zu landen: »Könnte es sein, dass wir gerade das Ende einer Epoche erleben und die Europameisterschaft 2016 das letzte unschuldige Vergnügen darstellt?«

Wie rum auch immer man das Pferd aufzäumen will: Die Welt ist ziemlich am Arsch. Und wir sollten nicht den Fehler machen, den Fußball in dieser Situation zu unterschätzen. Er erzählt uns im Guten und im Schlechten mehr über gesellschaftliche Realitäten, als manch einem und manch einer lieb ist.

»Beckenbauro«

Mein Mann hat bis zu seinem 18. Lebensjahr Fußball gespielt. Erst bei TuS Kleefeld, dann in der A-Jugend von Hannover 96. Nach der Saison 1983/84 hatten die Profis nicht genug Geld, um auf dem Transfermarkt shoppen zu gehen, und probierten deshalb einige Spieler aus der eigenen Jugend aus. Eine unvergessliche Halbzeit kam er im Niedersachsenstadion zum Einsatz. Es hat dann nicht gereicht. Aber drei andere aus seiner Mannschaft wurden Stammspieler bei den Profis.

Mein Schwiegervater kam bis zu seinem Tod bei jedem unserer Besuche auf dieses Trauma zu sprechen. »Du hättest es schaffen können. Wenn du dich nur ein bisschen mehr angestrengt hättest. Dann hättest du heute auch nicht so viele Probleme.«

»Probleme haben« bedeutete, dass Mathias inzwischen eine Galerie für zeitgenössische Kunst besaß, was im Vergleich zu einer Fußballerkarriere natürlich mehr als dürftig war. Auch dass die ehemaligen Kicker-Kollegen nach ihrer aktiven Zeit noch weiter Geld verdienen mussten, oft jedoch höchstens einen Job als Fanbetreuer bekamen, ließ mein Schwiegervater nicht gelten: In seinen Augen hatte sein Sohn es nun mal nur um Millimeter verpasst, den größten

Traum zu verwirklichen, den kleine Jungen und ihre Väter gemeinsam träumen.

Ich kenne alle Geschichten von damals, die von der Blutgrätsche, für die Mathias eine rote Karte erhielt und monatelang gesperrt war, die von dem Traumtor aus dreißig Metern, die von der Kapitänsbinde, die er endlich erhielt. Was ich nicht kenne, ist das Lebensgefühl dieses Jungen. Ich weiß nicht, was es bedeutet, drei Mal in der Woche zum Training zu gehen und am Wochenende Punktspiel zu haben. Ich weiß nicht mal, wie man richtig vor den Ball tritt.

»Frauen haben diese Erfahrung nicht, die verstehen einfach nicht dieses Glück, den Ball perfekt zu treffen, ihn genau dahin zu bekommen, wo man ihn hinhaben will«, sagt Freund Jan, der sich auch mit fast fünfzig noch einmal in der Woche zum Kicken verabredet. Frauen wurden von den Einheimischen auch nicht »Beckenbauro« gerufen, wenn sie als kleiner Junge in den Ferien am italienischen Strand mit dem Ball zauberten – wie der Schauspieler, der beim Champions-League-Finale 1997 auf der Theaterbühne einen jungen Helden spielen musste, während elf andere Typen auf dem Fußballplatz für immer zu echten Helden wurden. (Und Ottmar Hitzfeld zum *besten Mann der Welt*, woran in der Dortmunder Fankurve selbst ein späteres Engagement bei den Bayern nichts ändern sollte.)

In meiner Familie war es immerhin selbstverständlich, Fußball zu gucken, die *Sportschau* läutete gewissermaßen das Wochenende ein, das einem in den 70er-Jahren noch endlos vorkam. Wir Kinder hatten damals keine *play dates*, sondern einfach Verabredungen, und mussten weder Pisa-Tests noch Chinesisch-Frühförderkurse bewältigen. Ein bisschen Klavier zu üben war allerdings erwünscht, zumindest bei den Mädchen. Die gingen dann irgendwann auch zum Ballett oder entdeckten, wie ich, ihre Leidenschaft für Pferde. Ich habe den größten Teil meiner Kindheit und Jugend im Reitstall verbracht, während die Jungs aus meiner Klasse draußen Fußball spielten, bis sie ohnmächtig wurden. (Erst in den 80ern galt das als prollig, da mussten sie stattdessen zum Tennis- oder Hockey-Training.)

Aber es gab die *Sportschau* und Länderspiele. Es gab Hanutas und Duplos mit Sammelbildern von Bundesligaspielern und die Alben dazu. (Ich habe es zu den letzten Turnieren noch ein paar Mal mit Panini-Alben versucht, aber der ganz große Spaß stellte sich damit nicht ein. Vielleicht, weil die Schokolade fehlt. Vielleicht aber auch, weil ich weiß, dass ich mir die noch fehlenden Bilder im Zweifelsfall problemlos nachbestellen kann. Konnte man bei Hanuta und Duplo auch, hatte aber meist nicht das Geld dafür übrig.)

Und es gab zwei entscheidende Fragen: »Bist du Kiss oder AC/DC?« und: »Bist du Bayern oder HSV?« Ich war AC/DC, ohne einen einzigen Song von denen zu kennen. Und ich war HSV. Dort kannte ich Manfred Kaltz, der seine Bananenflanken präzise auf die

Bewegung von Horst Hrubesch abstimmte. Und der wiederum köpfte den Ball dann ins Tor.

Die Fernsehserie *Manni, der Libero* habe ich noch gesehen. Allerdings eher, weil ich Tommi Ohrner so süß fand. 1987 verabschiedete ich mich dann für ein Austauschjahr in die USA und versuchte vergeblich, die Regeln von American Football zu kapieren. Diese ganze Yard-Frickelei erschien mir deutlich zu kompliziert für das eigentliche Thema des Spiels: Typen in den Matsch zu rempeln. Als ich nach Deutschland zurückkam, hatte ich 15 Kilo zugenommen und fand mich als einziges Mädchen im Sportkurs *Fußball/Schwimmen* wieder. Im Badeanzug vor meine Oberstufenkollegen zu treten, war in Anbetracht meiner neuen Figur absolut undenkbar, daher besorgte ich mir beim Hautarzt meines Vertrauens ein Attest über eine angebliche Chlorallergie. Bei den Fußballstunden fehlte ich unentschuldigt, was mir niemand, nicht einmal der Sportlehrer, übel nahm – die Herrenrunde hatte auf mich genauso wenig Lust wie ich auf sie. Im zweiten Halbjahr ergatterte ich dann einen der begehrten Plätze im *Volleyball/Modern Dance*-Kurs und konnte mich in Ruhe dem Abnehmen widmen.

Das nächste Fußballspiel, das ich zur Kenntnis nahm, war das Finale der Weltmeisterschaft 1990. Das die Wiedervereinigung erwartende Deutschland holte den Titel, aber ich kann mich an die Partie gegen Argentinien überhaupt nicht erinnern, nicht mal an den Foulelfmeter von Brehme. Woran ich mich erinnere, ist, dass ich nach dem Spiel noch *in die Stadt* fuhr. Wo überall komische Menschen mit Deutschlandfahnen unterwegs waren. Damit hatte ich nichts, aber auch gar nichts zu tun.

Es sollte noch zehn Jahre dauern, bis der Fußball mich wiederfand. Und heute habe ich nicht nur die Spacken mit den Deutschlandfahnen im Kopf, wenn ich an die WM 1990 denke. Sondern vor allem Franz Beckenbauer, wie er allein unterm italienischen Vollmond spaziert. Das ist ein schöneres Bild.

Neuer, Schiller, Shakespeare

Bei der EM 2000 verschoss Holland im Halbfinale gegen Italien fünf Elfmeter. Zwei in der regulären Spielzeit, drei im Elfmeterschießen – Harald Schmidt reinszenierte damals jeden einzelnen in seiner Show. Ich war inzwischen mit einem Bayern-München-Anhänger zusammen und hatte mich nur aus purer Freundlichkeit mit vor den Fernseher gesetzt. Doch dieses Strafstoßdesaster änderte alles: Wie konnte es bitte passieren, dass gleich vier Spieler, die den ganzen Tag nichts anderes taten, als ihre Schusstechnik zu trainieren, den Ball vom Elfmeterpunkt fünf Mal nicht ins Tor brachten? Welches Geheimnis steckte dahinter, welche Gruppendynamik? »Zuerst hatten wir kein Glück, und dann kam auch noch Pech dazu«, schien mir das Debakel nicht hinreichend zu beschreiben.

Ich begann, mich systematisch mit Fußball zu befassen. Zunächst per Fernseher (*Sportschau*, Livespiele), *BILD-Zeitung* (wenn die in der Kneipe rumlag) und *KICKER* (den kaufte sich der Bayern-München-Fan). Und je mehr ich mich in dieses Spiel vertiefte, desto deutlicher wurden die Parallelen zu meinem Beruf, zum Theater. Wie schon gesagt wurzeln beide Kulturtechniken im Konzept des Dionysischen, haben rituellen Charakter und finden live und vor Publikum statt, das – im besten Fall – etwas Entgrenzendes, Rauschhaftes erlebt. (Das moderne Theater wahrt übrigens nur noch selten die Aristotelische Einheit von Zeit, Ort und Handlung, das Fußballspiel immer.) Beim Theater gibt es den Regisseur und das Schauspielerensemble, beim Fußball den Trainer und die Mannschaft, psychologisch betrachtet sind die Beziehungskonstellationen eng miteinander verwandt: Ein Regisseur gibt das Konzept vor und kann einen Schauspieler zu Höchstleistungen beflügeln oder überhaupt keinen Zugang finden zu ihm, für den Fußballtrainer gilt dasselbe. (Ich wähle hier aus stilistischen Gründen nur die männliche Form der Berufsbezeichnungen und setze als bekannt voraus, dass es ebenfalls Regisseurinnen und Schauspielerinnen, Trainerinnen und Spielerinnen gibt.) Am Theater wird geprobt, auf dem Platz wird trainiert – für diesen aus der Bierwerbung bekannten *einen Moment*, auf der Bühne, im Stadion. Sogar einen Elfmeter kann ein Schauspieler zumindest im übertragenen Sinne verschießen: Wenn er einen großen Monolog verpatzt, bei dem sein Gegner dann eben nicht Neuer heißt, sondern Schiller oder Shakespeare. Scheitert der Schauspieler in der Eins-zu-eins-Situation am Autor, liegt das nicht unbedingt an handwerklichen Mängeln, sondern oft an der mentalen Einstellung – am Kopf. (Und das ist nun jedem, absolut jedem Sportler vertraut.) Auf der anderen Seite kann eine Theatervorstellung nahezu magisch abheben, wenn alle im *Flow* sind, wenn es auf der Bühne nichts mehr gibt, was man falsch machen kann. Etwas Ähnliches war 2014 unter anderem beim 7:1 gegen Brasilien zu besichtigen, aber dazu später.

Natürlich bin ich nicht die Erste, der diese Parallelen aufgefallen sind. Otto Rehhagel (Trainer-Urgestein und Ehrenbürger von Athen) und Jürgen Flimm (Regisseur-Urgestein und Intendant der Berliner Staatsoper Unter den Linden) tauschen sich zum Beispiel schon seit 1978 regelmäßig über die Ähnlichkeiten ihrer Metiers aus. Und als Rehhagel Werder trainierte, gab es sogar eine Kooperation mit dem Bremer Theater und seinem damaligen Intendanten Klaus Pierwoß, der mir dazu in einer langen und immer noch hinreißend begeisterten E-Mail Folgendes schrieb:

»1994 haben der SV Werder Bremen und das BREMER THEATER die erste Zusammenarbeit zwischen einem Bundesligaverein und einem Theater gestartet – damals waren das noch weit auseinander liegende Welten. Das legendäre Foto mit Otto Rehhagel im Theaterfrack und mir im Werder-Trikot war Ausdruck dieser Zusammenarbeit. Es ging rund um die Welt, sogar isländische und südafrikanische Zeitungen haben es abgedruckt. Die Kooperation fand ihren Ausdruck in wechselseitigen Vorzügen bei Kartenverkäufen und in Aktionen der Öffentlichkeitsarbeit: Werder hat damals Transparente des Theaters im Weserstadion aufgehängt, und ich habe mit besonderem Vergnügen Artikel für die Stadionzeitung verfasst. Wenn Otto Rehhagel und seine Mannschaft das Theater besuchten, erhob sich das Publikum von den Plätzen. Während der Fußball-EM 2004 feuerte ich ihn mit SMS an, was schließlich zum Gewinn der EM durch Griechenland führte. Er bedankte sich mit einem Anruf: *Pierwoß, ich darf jetzt in Athen die Busspur benutzen.* Werder hat für das Theater dann auch Partei ergriffen. Bei unserer ersten Protestveranstaltung gegen Kürzungen trat der damalige Werder-Kapitän Oliver Reck mit einer Adresse an die Kultursenatorin auf: *Auch in der Kulturpolitik erzielt man mit Eigentoren keine Punktgewinne.* Die Zusammenarbeit mit Rehhagel fand ihre Fortsetzung mit der nachfolgenden Trainerlegende Thomas Schaaf. Als Werder 2004 das Double gewann, habe ich auf der Berliner Meisterfeier etliche Fußballrecken mit Double-Fliegen ausgestattet, die in der Schneiderei des Theaters vorsorglich hergestellt worden waren. Thomas Schaaf dankte uns unsere Tandem-Aktion mit einem glänzenden Auftritt beim Protest gegen die Insolvenzandrohung gegen das Theater.«

Auch die Liste von Theaterautoren, die leidenschaftliche Fußballfans sind, ist lang. Genannt seien hier nur Bertolt Brecht und Samuel Beckett. Ersterer hatte es zwar noch mehr mit dem Boxen, verfasste aber auch einen äußerst amüsanten Text über eine Begegnung zwischen Schalke und Hannover, den er mit *Das größte Kunstereignis 1929* überschrieb und in dem er fordert, Fußball »als die fruchtbarste Kunstform des 20. Jahrhunderts« zu begreifen. Vom irischen Literatur-Nobelpreisträger Samuel Beckett ist überliefert, dass er den Suhrkamp-Verleger Siegfried Unseld und seinen Kollegen Peter Handke einst in einem Pariser Café sitzen ließ, weil er unbedingt vor den Fernseher musste, um ein Fußballspiel zu sehen. (Was vor allem Handke völlig fassungslos machte.)

Interessant ist auch, dass sich die Vorstellungen von Fußball und Theater – zumindest im deutschsprachigen Raum – in den letzten Jahrzehnten deutlich verändert haben. Mit der Erfindung des *Regietheaters* verwandelte sich der geschriebene Text vom sakrosankten Heiligtum in jeweils neu ausdeutbares Material, was dem Theater in Sachen Gegenwartsbezug und Relevanz verdammt gutgetan hat. (Eine Menge Leute sehen das natürlich anders. Bestseller-Autor Daniel Kehlmann zum Beispiel, der sich bei seiner Eröffnungsrede zu den Salzburger Festspielen 2009 nicht entblödete, Regietheater mit »Videowänden und Spaghettiessen« auf der Bühne gleichzusetzen, mit »Gezucke und routiniert hysterischem Geschrei«. Aber der verlässt eben auch türenknallend Aufführungen seiner Stücke, wenn ihm nicht passt, was der Regisseur sich gedacht hat.) Die Idee des modernen Fußballs, wie wir ihn heute kennen, kam vor allem über die Niederlande und

Spanien nach Deutschland, genauer gesagt über Ajax Amsterdam und den FC Barcelona. Dort prägte der im März 2016 verstorbene Johan Cruyff als einer der begnadetsten Spielmacher und Trainer der Fußballgeschichte zunächst den *Voetbal Totaal* bzw. das *Ajax-System*: Konsequent offensiven Angriffsfußball bei hohem Ballbesitz und feinster Technik plus Begeisterung, Spielfreude und Kreativität. In Barcelona modernisierte Cryuff dann nicht nur die Nachwuchsarbeit, sondern trainierte in der ersten Hälfte der 90er-Jahre mit dem *Dream Team* auch die spielerisch stärkste Mannschaft der Welt. Einer seiner Spieler hieß Pep Guardiola. Auch er inzwischen eine Trainerlegende und dem deutschen Publikum hinlänglich von seinem dreijährigen Gastspiel bei Bayern München bekannt.

Mit Rumpelfußball ist es hierzulande inzwischen also Gott sei Dank genauso vorbei wie mit verstaubtem Theater, das *Werktreue* beschwört. Das erste Spiel der niederländischen Nationalmannschaft nach Johan Cruyffs Tod, ein Test gegen Frankreich, wurde ihm zu Ehren übrigens in der 14. Minute für eine Gedenkminute unterbrochen – als Spieler hatte er die 14 auf dem Rücken getragen. Sage noch einer, im Fußball seien keine Profis in Sachen Gänsehaut-Inszenierungen unterwegs. Ich kann jedem Theatermenschen nur raten, sich das Ganze mal auf YouTube anzusehen. Wer da nicht heulen muss, hat kein Herz.

Endorphine

Der Wettkampf-Gedanke, das Sich-mit-anderen-Messen, auf dem Sport ja fast immer beruht, ist mir genauso fremd wie vielen anderen Frauen. (Ob die Ursache dafür nun in Genetik, Sozialisation oder beidem zu suchen ist, muss anderswo erörtert werden, vielleicht befragt jemand bei Gelegenheit mal Ursula von der Leyen oder Christine Lagarde dazu. Ich jedenfalls mach' auch lieber Yoga, und genau deswegen sitzen heute immer noch die meisten Frauen im Lotussitz und nicht in einer Führungsposition.) Die psychologische und kulturelle Perspektive, die sich mir mit dem Halbfinale der EM 2000 plötzlich auf den Fußball eröffnete, beherrschen Frauen jedoch definitiv besser als Männer. Bis heute interessiert mich diese Sichtweise beim Fußball am meisten (inzwischen interessiert sie mich sogar beim Boxen, aber man kann nicht auf jeder Hochzeit tanzen). Und ich kann nur dafür werben, es einmal damit zu versuchen – der Blick aufs Spiel schärft sich ganz von allein, und Spaß macht es auch. Eine schlagartig entspanntere Beziehung kommt als Belohnung vielleicht noch obendrauf: Frau findet es nicht mehr »asozial«, wenn Mann sich zum Fußballgucken verabschiedet, sondern notiert wichtige Spiele jetzt ebenfalls im Kalender, Terminkollisionen mit Theaterbesuchen und Dinnerpartys kommen nicht mehr vor. Mann muss sich nicht mehr vor Äußerungen wie »Ist doch egal, wer gewinnt« fürchten und auch nicht zum hundertsten Mal erklären, was Abseits eigentlich heißt. Und beide freuen sich auf einen gemeinsamen Fußballabend, der in der Regel jede Menge Material für interessante Gespräche liefert. (Ich entschuldige mich ausdrücklich dafür, dass auch ich hier Geschlechter- und Beziehungsklischees reproduziere. Mir sind Fußballkonflikte aus den homosexuellen Beziehungen in meinem Freundeskreis schlicht nicht bekannt. Falls sie dort ebenfalls eine Rolle spielen sollten, bin ich dankbar für jeden Hinweis.)

Das allerallerentscheidendste Argument dafür, sich zumindest spielerisch mal auf das Thema Fußball einzulassen, lautet jedoch: Menschen, die Fußball lieben, können Momente erleben, wie sie an Intensität im Leben nicht allzu oft vorkommen.

Herzschlagfinale 2001

Ich bin mit dem Auto unterwegs zu Freunden in Hannover und höre auf der Fahrt die Bundesligakonferenz im Radio. Bayern steht vor diesem letzten Spieltag der Saison an der Tabellenspitze, mit drei Punkten Vorsprung auf Schalke. Es gilt als sicher, dass die Gelsenkirchener den Abstiegskandidaten Unterhaching schlagen, Bayern benötigt also zumindest noch einen Punkt gegen den HSV, um Meister zu werden, weil die *Königsblauen* das bessere Torverhältnis vorweisen können. Wie erwartet gewinnt Schalke 5:3. Und in der 90. Minute fällt in Hamburg das 1:0 für den HSV. Die Sache scheint klar, mit dem Abpfiff liegt man sich auf Schalke in den Armen und feiert die Meisterschaft. Doch das Spiel in Hamburg ist noch nicht zu Ende. In der 4. Minute der Nachspielzeit nimmt der (ausgerechnet vom FC Schalke an den HSV ausgeliehene) Torwart Mathias Schober regelwidrig mit der Hand einen Rückpass auf: Indirekter Freistoß für Bayern, Patrik Andersson trifft zum 1:1. Aus dem Radio kommt nur noch Gebrüll, Bayern ist Meister, auf Schalke herrscht blankes Entsetzen. Die ewigen Revier-Rivalen aus Dortmund schicken ein Flugzeug zum Gruß, es zieht ein Schriftbanner übers Stadion des 4-Minuten-Meisters: »Nur gucken, nicht anfassen!« Gemeint ist natürlich die Meisterschale.

Ich muss von der Autobahn abfahren, um mich zu beruhigen, und bestelle mir an der Raststätte einen Schnaps. Alle dort reden über das, was gerade passiert ist, der Trucker und der Porsche-Fahrer, ein Junge im Schalke-Trikot kann nicht aufhören zu weinen. Zur Verabredung in Hannover komme ich zu spät, was mir niemand übel nimmt. Zu Gast ist außerdem ein Pastor. Ich verliere mich in einem konfusen Monolog über Fußball und Leben – es bedeute eben nichts, nach 90 Minuten Sieger zu sein, wenn das Spiel 94 Minuten dauert. Er guckt mich an, als hätte ich nicht alle Tassen im Schrank, und fragt, ob ich das ernst meine. Ich meine es vollkommen ernst. Denn an diesem Tag habe ich Rocky Balboas Weisheit *Es ist erst vorbei, wenn es vorbei ist* wirklich begriffen. Und zwar nicht intellektuell, sondern emotional, geradezu körperlich. Es wird dann noch ein großartiger Abend, an dem wir über Aufbegehren und Demut reden, über geschenkte und verschenkte Lebenszeit und über die Entwicklungsmöglichkeiten des Menschen. Hätte es das Herzschlagfinale nicht gegeben – dieses Gespräch hätte mit ziemlicher Sicherheit niemals stattgefunden und wäre stattdessen sehr wahrscheinlich im Small Talk versandet.

WM 2002

Weil ich Geld brauche, arbeite ich während der WM 2002 als Kunstvermittlerin auf der *Documenta*, der Weltkunstausstellung in Kassel. Aufgrund der Zeitverschiebung werden die Spiele in Südkorea und Japan zu außerordentlich ungünstigen Zeiten übertragen, für die wichtigsten lasse ich mich blocken. Für die weniger wichtigen schaffen die männlichen Kollegen und ich Radios an, damit wir während der Arbeit nicht völlig abgeschnitten sind vom Geschehen. Vor jedem Radio sitzt ein Museumstechniker und gibt den aktuellen Spielstand an einen von uns durch. Dank einer ausgeklügelten Choreographie bei den Führungen entsteht eine Kommunikationskette, jeder ruft dem nächsten

Kollegen das jeweils neue Ergebnis zu, und der trägt es dann wiederum weiter.

In der Kasseler WG, in der ich für das halbe Jahr ein Zimmer gemietet habe, gibt es keinen Fernseher. Die nächste Kneipe ist eine Rocker-Kneipe: Harte Jungs in schwarzem Leder, keine Frauen. Ich gehe trotzdem rein, um mir die Partie Deutschland gegen Saudi-Arabien anzusehen. Man bedient mich frostig, was auch an meinem Business-Kostüm liegen mag, gleich im Anschluss habe ich eine VIP-Führung. Klose trifft und schlägt Saltos. Die harten Jungs jubeln und tanzen, ich jubele mit und bin plötzlich nicht mehr der Feind.

Ich habe dann jedes wichtige Spiel in dieser Kneipe gesehen. Man kannte meinen Namen, ließ mich für kein einziges Getränk bezahlen und sicherte mir »hundertprozentigen Schutz« zu, sollte ich in Kassel jemals Ärger bekommen. Ich revanchierte mich mit einer Führung durch die Ausstellung – ob sich irgendwer von meinen damaligen Kumpels weiter mit zeitgenössischer Kunst beschäftigt hat, weiß ich nicht, genauso wenig, ob es die Kneipe noch gibt.

Im *education program*, in dem wir für die *Documenta* fit gemacht wurden, hörten wir unter anderem den großartigen Vortrag einer Professorin für Kunstvermittlung, an deren Namen ich mich beschämenderweise nicht mehr erinnere. Sie stellte die These auf, dass jede Art von Kulturvermittlung immer Eros brauche, und schlug sinngemäß drei Strategien vor:

1. Beim Sprechen über Kunst so von sich selbst berauscht sein, dass sich narzisstischer Eros überträgt.

2. Sich aus der Gruppe einen Menschen heraussuchen, in den man sich zumindest für den Zeitraum einer Führung verliebt, und ihn mit Worten verführen.

3. Die Kunst so sehr lieben, dass sie durch das Sprechen darüber zum allgemeinen Objekt des Begehrens wird.

Etwas Klügeres habe ich in Sachen Kulturvermittlung nie mehr gehört und halte mich bis heute daran. Und ich glaube, etwas davon lässt sich auf das Verhältnis von Frauen und Fußball übertragen:

1. Frau kann sich gern an sich selbst berauschen, wenn sie was von Fußball versteht – das ist nämlich sexy.

2. Frau kann ihren Fußballsachverstand gern einsetzen, um jemanden zu verführen, Hauptsache, sie besitzt welchen.

3. Frau kann Fußball lieben. Auch wenn sie selbst nie vor den Ball getreten hat. Wer Kunst liebt, muss nicht zwangsläufig wissen, wie man einen Pinsel hält. Wer Theater liebt, muss nicht unbedingt selbst schon auf der Bühne gestanden haben. Und übrigens, auch wenn das nicht hundertprozentig hierher passt: Der Sportteil der *Süddeutschen Zeitung* liest sich an manchen Tagen besser als das Feuilleton.

EM 2004
Vergessen wir mal.

WM 2006
Deutschland hat das *Torwart-Duell* hinter sich (das bekanntermaßen zugunsten Jens Lehmanns ausging) und entdeckt als Gastgeber des Turniers plötzlich ein ganz neues Selbstverständnis: Freundlich und in Feierlaune sind die Deutschen, selbst das Wetter spielt mit. Schwarz-Rot-Gold überall, an Autos, auf Gesichtern und T-Shirts, ohne dass man sich gruseln müsste. Der Begriff vom *entspannten Patriotismus* macht die Runde, *Public Viewing* wird erfunden (dass die Übersetzung dafür *Aufbahrung* lautet, scheint außer mir irgendwie niemanden zu stören), und auch ein paar Frauen wissen auf einmal, wer unsere Gruppengegner sind. Ich erinnere mich noch genau, wie ich in diesen Wochen mit dem Fahrrad durch das sonnige Hamburg fahre und keiner einzigen miesepetrigen Hackfresse begegne, die Leute scheinen nicht mal mehr arbeiten zu müssen.

Wie bekannt, war Oliver Kahn vor Beginn der WM also entthront worden. Und sicher nicht scharf darauf, mit Jens Lehmann mal ein Bier zu trinken. Doch dann kam das Elfmeterschießen gegen Argentinien: Der Titan ging zu seinem Rivalen und wünschte ihm Glück. Nichts bei diesem Turnier hat mich so berührt wie diese Geste, diese Situation. Für mich ist sie ein

Paradebeispiel für Fairness und persönliche Größe, die sich in den Dienst einer Sache zu stellen vermag. Hätte ich was zu sagen, gehörte diese Szene in jedem Schuljahr auf den Lehrplan.

Gegen Italien flog Deutschland dann raus, Mathias wurde ausgerechnet an diesem Tag vierzig, und das war kein so schöner Geburtstag. Aber gemessen daran, wie ungut das Finale verlief (Kopfstoß vom heiligen Zizou), war das Spiel um den 3. Platz das eigentliche Ereignis. Kahn gab seinen Abschied, zeigte noch einmal die ganze Titanen-Klasse und bekannte später, dieser Sieg gegen Portugal sei seine emotionalste Erfahrung in der Nationalmannschaft gewesen. Weil er dabei begriffen habe, dass es nicht immer um Leistung gehe, sondern manchmal eben um Liebe. (Okay, das mit der Liebe hat er so nicht gesagt, aber ganz sicher gemeint.)

Aus meiner Verehrung für Oliver Kahn mache ich gar kein Geheimnis. Ich finde diesen Typen und die Entwicklung, die er genommen hat, schlichtweg großartig, habe seine sportlichen und mentalen Fähigkeiten, mit denen er uns zum Beispiel 2002 quasi im Alleingang ins WM-Finale brachte (und ausgerechnet in diesem Spiel ... aber vergessen wir das) immer bewundert, verzeihe ihm sogar, dass er Paulo Coelho für einen guten Schriftsteller hält, und mag ihn auch als TV-Experten am liebsten. Seltsam, dass man sich mit Letzterem in Gesprächsrunden meist keine Freunde macht. Ist Oliver Kahn zu schlau fürs öffentlich-rechtliche Fernsehen? Wollen die Leute allen Ernstes lieber Holger Stanislawski am bescheuerten Touchscreen sehen? Oder steht die Kunst der Ironie, die Kahn wie kaum ein anderer Fußballexperte beherrscht, in Deutschland schlicht nicht sonderlich hoch im Kurs?

Interessanterweise erschien in meinem einzigen erotischen Traum, in dem ein Fußballer eine Rolle spielte, nicht der Titan, sondern sein Erzrivale. Mathias reagierte durchaus irritiert, als ich morgens aufwachte und sagte: »Ich hatte gerade Sex mit Jens Lehmann.« Bis heute ist es mir nicht gelungen, diesen Traum zu entschlüsseln – dessen Schauplatz zu allem Überfluss eine Kleingartenanlage war.

EM 2008

Das Halbfinale gegen die Türkei sehe ich auf dem Marktplatz in Klagenfurt. Dabei ist mein wunderbarer Agent Uwe Heldt, der im August 2014 viel zu früh starb und nie mehr VfB-Stuttgart-Fahnen von seinem Berliner Balkon hängen wird, um die Herthaner-Nachbarn zu ärgern. Er hat mich zum Ingeborg-Bachmann-Wettbewerb gebracht, dem Wettlesen am Wörthersee. Das läuft für mich dann nicht so super. Während des Finales gegen Spanien liege ich schon wieder zu Hause auf der Couch und lecke meine Wunden. Passt gut, dass Deutschland Zweiter wird.

WM 2010

Vuvuzelas. Italien und Frankreich blamieren sich bis auf die Knochen. Rache für Wembley. Langsam nervt's, immer gegen Spanien zu verlieren.

Champions-League-Finale 2012

Der FC Chelsea besiegt Bayern mit einer erbärmlichen Beton-Taktik. Alle in der Kneipe hassen Chelsea.

EM 2012

Und weil die Bayernspieler so mitgenommen sind von dieser Niederlage beim *Finale dahoam* fliegen wir schon wieder gegen Italien raus.

Champions-League-Finale 2013

Der FC Bayern besiegt Borussia Dortmund, manche behaupten: verdient. Alle in der Kneipe hassen Bayern München.

WM 2014

Die *Süddeutsche Zeitung* schreibt am Tag danach, noch in Jahrzehnten würde man fragen: »Wo warst du, als Deutschland 7:1 gegen Brasilien gewann?« Und ich werde antworten: »In einem Speisewagen der Deutschen Bahn.«

Ich komme aus Dresden, wo ich gerade ein Theaterstück vorbereite, und habe mir eine Verbindung rausgesucht, mit der ich eine halbe Stunde vor Anpfiff in Hamburg bin. Bis Wittenberge geht alles glatt. Dann die Durchsage: »Wegen eines Oberleitungsschadens muss der Zug über Schwerin umgeleitet werden.« Die Ankunft in Hamburg wird sich um mindestens eine Stunde verzögern, im Speisewagen macht sich Lynchstimmung breit. Mein Tischnachbar flucht, er sei in Berlin von einem anderen Zug nach Hamburg extra in diesen umgestiegen, weil der einen Speisewagen hat, und erobert damit sofort mein Herz. Beim Halt auf einem absurd winzigen Bahnhof in der Nähe Schwerins steigt eine ganze Meute aus, in der Hoffnung, ein Taxi zu erwischen. Ich habe inzwischen yogamäßig tief ein- und ausgeatmet und beschlossen, die Situation so zu nehmen, wie sie ist – mein Tischnachbar und ich teilen uns eine Flasche Rotwein. Die Meute findet in dieser abgelegenen Gegend kein einziges Taxi und steigt geschlagen zurück in den Zug. Laptops werden herausgeholt, dummerweise gibt es keinen Internetempfang. Dass das Spiel angepfiffen wird, simst mir Mathias. Und dann wird es verrückt.

1:0 für Deutschland meldet nicht nur mein Handy. Der Speisewagen jubelt, mein Tischnachbar fällt mir um den Hals. Die entsprechende Durchsage von der Bahn kommt – logisch –, als es schon 2:0 steht. Das 3:0, das plötzlich jemand von seinem Display abliest, können alle nicht richtig glauben. Ein Bundeswehrsoldat ruft: »Wer kann das 3:0 bestätigen?« Es dauert einen Moment, bis einer brüllt: »3:0 bestätigt!« Alles schreit durcheinander, und plötzlich gibt es auf der Strecke wieder Internetempfang. Auf dem verruckelten Bildschirm ist zu lesen, dass Deutschland inzwischen 4:0 führt. Das 5:0 von Khedira sehe ich live, dann bricht die Verbindung wieder zusammen. Den Leuten ist die Fassungslosigkeit ins Gesicht geschrieben. Und bis auf den Bundeswehrsoldaten finden alle, dass es jetzt genug ist, dass Brasilien nicht weiter gedemütigt werden soll – und so ist es auch auf dem Platz, wie ich später erfahre, wo die deutschen Spieler nur noch verhalten jubeln: Wann ist dieses Land eigentlich so gottverdammt sympathisch geworden?

Am Hamburger Hauptbahnhof mögen meine neuen Speisewagen-Freunde und ich uns kaum trennen. Wir haben zusammen und unter ganz besonderen Umständen ein historisches Ereignis erlebt, das wird keiner von uns jemals vergessen. (Und wer freiwillig auf solche Momente im Leben verzichtet, weil er sich aus welchen Gründen auch immer nicht für Fußball interessieren will, dem ist echt nicht zu helfen.)

Beim 7:1 war ich dann endlich zu Hause und sah, wie angewidert Manuel Neuer den Ball aus dem Netz fischte. Möchte wirklich noch irgendeiner behaupten, Fußballspieler machten ihren Job allein wegen des Geldes? Unsere aktuelle Nummer eins macht ihren Job jedenfalls ganz offensichtlich, weil Gegentore für Manuel Neuer etwas zutiefst Empörendes, geradezu Ekelhaftes sind, und zwar unabhängig vom Spielstand.

Oder Bastian Schweinsteiger: Was der Typ während des Finales von Argentinien auf die Knochen bekam, steckt für Geld kein normaler Mensch ein. Es war ein gezeichneter Schmerzensmann, der am Ende den Pokal in den Himmel von Rio reckte.

Europa-League-Viertelfinale 2016

Dortmund fliegt gegen Liverpool raus. Es kann nicht sein, es kann einfach nicht sein. Innerlich sitze ich heute noch paralysiert vor dem Fernseher. Zumindest hat sich Jürgen Klopp mit diesem 4:3 an der Anfield Road unsterblich gemacht.

EM 2016

Dieses aufgeblähte Turnier macht anfangs überhaupt keinen Spaß. Bei strömendem Regen laufen grottige, von Defensiv-Taktik geprägte Vorrundenspiele, und alle fürchten sich vor durchgedrehten Dschihadisten, die bereits angekündigt haben, die EM zu einem *Blutbad* zu machen. Ein französischer Polizist und seine Lebensgefährtin werden von einem Islamisten ermordet, ein hasserfüllter Rechtsradikaler erschießt die britische Hoffnungsträgerin Jo Cox, Hooligans erklären Marseille zum Kriegsgebiet, und das *Brexit*-Referendum steht auch noch bevor. Dunkle Tage, an denen man sich fragt, ob man sich allen Ernstes überhaupt mit Fußball beschäftigen darf – »Was sind das für Zeiten, wo ein Gespräch über Bäume fast ein Verbrechen ist«, heißt es bei Brecht. Ich möchte mich nur noch im Bett verkriechen und mir die Decke über den Kopf ziehen. Und unsere geplante Frankreich-Reise absagen.

Mathias wird fünfzig in diesem Sommer. Freund Carsten hat ihm Tickets besorgt, fürs Halbfinale und fürs Finale. Vorausgesetzt, Deutschland ist noch dabei, sonst verlieren sie ihre Gültigkeit. Natürlich will ich dem Mann seinen Geburtstag nicht versauen. Aber ich will da nicht hin. Und erst recht nicht will ich irgendwo vor dem Fernseher sitzen und sehen, wie in Marseille oder Paris das Stadion in die Luft fliegt. In dieser Verfassung lese ich in der *Süddeutschen Zeitung* einen Artikel von Holger Gertz, der die Ambivalenz dieses Turniers zum Thema macht. »Das hier ist gerade nicht die Zeit für großes Theater. Besser zu Hause bleiben und in Sicherheit«, schreibt Gertz. Und weiter: »Aber das wäre Resignation. Und die Europameisterschaft ist auch ein Statement gegen Resignation und gegen Angst und gegen die Preisgabe von Freiheit.« Nichts, was ich mir vorher nicht schon tausend Mal selbst gesagt hätte – wir müssen unsere Art zu leben verteidigen, wir dürfen *die* nicht gewinnen lassen. Und trotzdem erreichen mich diese Sätze anders als alles vorher. Ich atme tief durch. Wir werden fahren. Und wir werden Spaß haben. Wenn selbst in der Pariser Bar *Le Carillon*, wo bei den November-Anschlägen 15 Menschen starben, jetzt Fußball geguckt wird, schaffen wir das auch.

Der TGV von Baden-Baden nach Marseille fährt ohne WLAN. So wird das nichts mit unserem Plan, die erste Halbzeit des Viertelfinales Deutschland gegen Italien auf dem Tablet zu schauen. Ich bitte meinen Freund David, von dem ich weiß, dass er in Dresden zu Hause vor dem Fernseher sitzt, uns per SMS auf dem Laufenden zu halten. Er erfüllt diese Aufgabe besser als jeder Liveticker – danke noch mal –, wir wissen also, dass wir nicht viel verpassen. Und dass sich Khedira verletzt hat. Am Saint-Charles-Bahnhof rennen wir zum Taxi, im Radio läuft Fußball, natürlich, aber unser Französisch ist leider zu schlecht. Glücklicherweise gibt es auf der Hotel-Terrasse einen eingeschalteten Fernseher, wir stellen unsere Koffer neben den Pool. Außer uns ist keiner da, wir sehen Özils Tor, Mathias' schreit vor Freude so laut, dass ich ihn anfauche. Das Spiel scheint gelaufen. Bis unser bis dahin so verlässliche Held Jérôme Boateng im gegnerischen Strafraum plötzlich *Schwanensee* tanzt – Handelfmeter, 1:1, Verlängerung. Unsere Zigarettenschachtel ist beinahe leer. »Ich habe ein verdammt schlechtes Gefühl«, sagt Mathias. Der Hotelier und eine französische Familie mit zehnjährigem Sohn kommen dazu. Natürlich sind sie für Italien, und es nervt krass, dass das Gör jubelt, als Müller und Özil verschießen. Über Mathias' Kopf hängt jetzt eine dunkle Wolke. »Ich will doch ins Stadion«, jammert er und ist gerade höchstens zehn Jahre alt. »Das kann doch nicht wahr sein.« Schweinsteiger vergibt einen Matchball, Mathias tötet den vor Freude kreischenden kleinen Franzosen mit Blicken. Erst mit dem 18. Strafstoß bringt Hector endlich die Erlösung – hat irgendeiner schon mal ein solches Elfmeterschießen erlebt? So viele der alten Recken haben vor Buffon die Nerven verloren, nun sind es die jungen Spieler, denen wir den Einzug ins Halbfinale verdanken und das Ende des Italienfluchs. Im Fernsehen fängt Buffon an zu weinen, der kleine Junge stampft mit dem Fuß auf vor Wut, Mathias springt vom Stuhl, dreht eine kleine Pirouette und fällt dann in voller Montur in den winzigen Pool. Er lacht hysterisch und paddelt vor sich hin, also hat er sich wohl nicht das Genick gebrochen – seine Brille treibt auf der Wasseroberfläche. Mir ist die Szene furchtbar peinlich. Die Franzosen sehen uns an, als wären wir seltsame Tiere, und ich weiß, was sie denken: »Diese Deutschen. Führen sich immer so unkultiviert auf.« Mathias hinterlässt eine nasse Spur bis zu unserem Zimmer. Am nächsten Morgen fragt mich der Hotelier, ob mein Mann jetzt wieder normal sei.

Das Viertelfinale Frankreich – Island sehen wir auf dem Cours Julien. Ganz Marseille scheint auf den Beinen zu sein – mittlerweile ist die Begeisterung für die eigene Mannschaft auch in Frankreich angekommen. Es macht Spaß, aus vollem Herzen »Allez les Bleus!« zu brüllen und sich mit den Franzosen über die Tore zu freuen, der Wirt gibt uns zum Dank Pastis aus: »Auch wenn ihr das Halbfinale gewinnen werdet.« Zur zweiten Halbzeit setzen sich junge Leute neben uns, Deutsche. Sie reden über unsere verletzten Spieler – nie kommt man leichter ins Gespräch als beim Thema Fußball. Ich frage, ob sie aktuelle Informationen haben: Gomez und Khedira werden im Halbfinale nicht antreten können. Das ist schlecht. Trotzdem sind wir uns einig, dass wir uns vor der Équipe Tricolore nicht allzu sehr fürchten müssen. Wir bestellen noch einen Pastis.

Die jungen Deutschen stammen aus Berlin, haben gerade ihr Abitur bestanden und absolvieren ein neunwöchiges Praktikum in Marseille. Sie haben sich verliebt in diese großartige Stadt und würden gern länger bleiben – wissen aber nicht, ob das *vernünftig* wäre. Schließlich müssten sie doch ein Studium beginnen, einen ordentlichen Lebensplan entwickeln. Wir scheinen die Ersten zu sein, die ihnen sagen, was für ein Bullshit das ist. Und fühlen uns durchaus geschmeichelt – zum ersten Mal fragen uns junge Menschen um Rat. Wir versuchen zu beschreiben, welche Entscheidungen wir getroffen haben und warum. Und natürlich haben wir leicht reden, über Freiheit, Ausbildung von Persönlichkeit, dass man sich dem idiotischen Selbstoptimierungsdruck auf keinen Fall beugen dürfe – wir waren in den 80er- und 90er-Jahren des letzten Jahrtausends jung, also in einer Epoche, in der das Leben verglichen mit heute geradezu ponyhofmäßig vor einem lag. »Angst ist trotzdem der schlechteste Ratgeber«, meint Mathias. Im Fernsehen feiern die isländischen Fans ihre Mannschaft noch immer mit *Huh*-Klatschen.

Freunde reisen an für Mathias' Geburtstag – aus Frankfurt, aus Hamburg, zwei kommen sogar mit dem Segelschiff direkt aus Barcelona. Eine Dresdner Kollegin ist zufällig auch in Marseille und wird sofort adoptiert. Der Mann badet in Glück. Besser kann man nicht fünfzig werden.

In großer Runde gehen wir essen. Das Gespräch kommt auf den *Brexit*, auf Europa, auf die Frage, ob diese Idee haltbar sein wird. Vom Nachbartisch aus schaltet sich ein französisches Paar ein, Celia und Emmanuel. Die beiden erzählen von der Situation in ihrem Land, von der Enttäuschung der Linken über Hollande, von der Angst vor der Zukunft, die überall herrscht. Und sie erinnern sich an die Weltmeisterschaft 1998, an die Aufbruchsstimmung von damals. »Wenn ihr das Spiel gegen uns gewinnt, ist das normal«, sagt Emmanuel. »Dagegen können wir nichts machen. Aber für uns wäre ein Sieg das Beste, was diesem Land passieren kann.« Wir trinken zusammen, es wird spät. Am Ende wünschen wir uns gegenseitig Glück, für das Halbfinale und überhaupt. »Das, was wir heute Abend gemacht haben – das ist Europa«, sagt Celia zum Abschied. »So einfach ist das.«

Am Tag vor dem großen Spiel wird meine Laune zusehends schlechter. Morgen Mittag geht mein Rückflug nach Hamburg, abends werde ich vor dem Fernseher sitzen. Warum zum Teufel habe ich das so organisiert? Weil ich überübermorgen eine Lesung habe. Weil ich dachte, Mathias und Carsten wollten bei ihrem Jungsabenteuer im Stadion gern unter sich bleiben. Carsten ist in Kontakt mit deutschen Fans, die er bei der WM in Brasilien kennengelernt hat – er war bei allen Turnieren in den letzten Jahren dabei. Und plötzlich heißt es: »Die haben noch eine Karte übrig.« Ich überlege keine Sekunde. Für sündhaft viel Geld buche ich meinen Flug um. (Und bin gespannt, ob das Finanzamt das als Aufwendung für notwendige Recherchen akzeptiert.)

Zu neunt machen wir uns auf den Weg ins Stadion. Alle außer mir tragen Trikots. Ich würde sehr viel dafür geben, auch eines zu haben. Immerhin malt mir einer Schwarz-Rot-Gold auf die Wangen. Fand ich das nicht immer bescheuert?

Die Sonne knallt vom Himmel. Freund Carsten hat alles perfekt geplant, die Zeit reicht für zwei Stopps auf dem Weg, um noch eine Kleinigkeit zu essen und Bier zu trinken. »Allez les Bleus!«, rufen uns die Franzosen zu. »Adieu les Bleus!«, rufen wir zurück. »Volkswagen, Volkswagen!«, kontern sie. Alle lachen. Ich bestehe nur noch aus Endorphinausschüttungen. Wie auch immer dieser Abend ausgeht – das hier ist das Geilste, was ich jemals erlebt habe.

Als ich das Stade Vélodrome betrete, stockt mir buchstäblich der Atem. Noch nie war ich in einem solchen Stadion, 67.000 Leute passen hier rein. Die gegenüberliegende Tribüne zieht sich wie eine Bergwand hoch zur geschwungenen Dachöffnung. Ohrenbetäubender Lärm. Ich kenne das Millerntor und das Volksparkstadion. Ich war bei Werder und beim BVB, beim VfB Lübeck, als die kurzzeitig zweite Liga spielten und wir über eine Kooperation mit dem Theater nachdachten, und ganz früher, auf einem Englandaustausch, bei Coventry City. Obwohl das BVB-Stadion sogar größer ist und die Stimmung dort eigentlich unvergleichlich, ist das hier noch mal eine andere Nummer. Da unten macht Manuel Neuer sich warm.

Das Liedgut der deutschen Fans ist auf jeden Fall ausbaufähig. Trotzdem singe ich den meisten Quatsch mit – *Super-Deutschland* undsoweiter. Raus bin ich bei *Steht auf, wenn ihr Deutsche seid* – wer hat sich den Scheiß bitte ausgedacht? Zum geschmacklosen *Sieg!*-Gebrülle kommt es wegen des Spielverlaufs nicht, das ist vielleicht das einzig Gute an dieser unglücklichen Partie. Sowohl die französischen als auch die deutschen Fans versuchen sich an *Huh!*-Imitationen. Ein junger Mann in der Reihe vor mir schimpft jedes Mal wie ein Rohrspatz: »So jubelt Island, ihr Penner, das ist total peinlich!« Das finden die Isländer auch und bitten später per Twitter darum, das europäische Festland möge sich doch eigene Stadion-Choreografien überlegen. Noch kurz vor dem Spiel hatte ich mich mit Freund Carsten darüber unterhalten, wie beschämend es sei, dass im deutschen Fanblock immer noch *Scheiß-Italiener* gesungen würde, wenn es gegen Italien geht – so auch beim Viertelfinale in Bordeaux. Jetzt verpfeift der italienische Schiedsrichter die erste Halbzeit. (Jawohl, das hat er getan. Selbst wenn der Handelfmeter gegen Schweinsteiger meinetwegen gerechtfertigt war.) Bin ich das, aus deren Kehle plötzlich *Scheiß-Italiener* ertönt?

»Man muss solche Niederlagen ertragen«, sagt Freund Carsten nach dem Abpfiff. »Nur dann weiß man auch, wie schön es ist zu gewinnen.« Langsam machen wir uns auf den Rückweg. »Bye-bye Nationalmannschaft«, singen die Franzosen, Carsten zeigt ihnen demonstrativ die vier Sterne auf seinem Trikot, sie johlen. Englische Fans kommen zu uns: »Poor guys, jetzt wisst ihr, wie es sich anfühlt, Engländer zu sein.« Franzosen kommen, bedanken sich, dass wir sie haben gewinnen lassen, und geben uns ein Bier aus. Fotos werden gemacht, wir wünschen: »Bonne chance pour dimanche!« Wir treffen Daria und Adnan, die jungen Berliner vom Cours Julien, die das Spiel auf der Fanmeile beim Stadion gesehen haben, und fallen ihnen um den Hals. Adnan hat beschlossen, sein Praktikum in Marseille um ein ganzes Jahr zu verlängern.

Auf den Straßen ist die Hölle los. Und ja, diese Niederlage von La Mannschaft tut weh und ist so überflüssig wie die EU-Norm für Salatgurken. Trotzdem möchte ich am nächsten Tag im Flugzeug allen erzählen, dass ich dabei war, im Vélodrome. Bloß, dass ich keine Stimme mehr habe.

Beim Pariser Finale, das Mathias und ich zu Hause im Fernsehen gucken, verletzt sich Cristiano Ronaldo nach 15 Minuten und weint so bitterlich, dass man es kaum mitansehen kann. Dennoch gewinnt Portugal – Menschen, die Fußball lieben, fällt dazu nicht allzu viel ein. Höchstens, dass man es als Revanche verstehen kann für das EM-Finale 2004, als Otto Rehhagel und sein griechisches Nationalteam sich zu elft hinten reinstellten und höchst uncharismatisch Turniersieger wurden. Schon damals hatte Ronaldo geweint – wir sahen dieses Spiel in einem Hotel in Frankfurt/Oder, wo wir kurzfristig hinziehen wollten, um – aber ich glaube, das führt jetzt zu weit. CR7 bekommt jedenfalls zwölf Jahre später endlich seinen Pokal. Und Jürgen Kaube zieht in der FAZ folgendes Resümee: »Die Portugiesen haben gewonnen, und das ist natürlich ebenso niedlich wie absurd. Niedlich, weil sie nach den Verteilungsgesichtspunkten höherer Europa-Gerechtigkeit einfach mal dran waren. Absurd, weil sie in der regulären Spielzeit überhaupt nur Wales geschlagen haben. (Frankreich hat fünfmal in 90 Minuten gewonnen und sogar Island zweimal.) Außerdem haben die Portugiesen, wenn man ihre Möglichkeiten mitbedenkt, unter Beihilfe von Kroatien das schlechteste Spiel der EM hinbekommen. Es war also völlig folgerichtig, dass sie ohne ihren besten Spieler Europameister geworden sind, denn um gutes Spiel ging es ja eben gar nicht.« Die Wege des Herren Fußballgott bleiben nun mal unergründlich.

Keine Woche nach dem Finale, am 14. Juli, dem französischen Nationalfeiertag, überfährt ein Irrer in Nizza mit einem LKW so viele feiernde Menschen wie möglich. Angesichts der entsetzlichen Nachricht kommt mir wieder die Frage von Jean-Philippe Toussaint in den Sinn: »Könnte es sein, dass die Europameisterschaft 2016 das letzte unschuldige Vergnügen darstellte?«

Die Sache mit dem Kaffeeservice

»Sobald man über Frauen und Fußball nachdenkt, verstrickt man sich unweigerlich in Geschlechterdebatten. Schrecklich. Aber es lässt sich offenbar nicht vermeiden. Und dann, o Graus, ist man auch sofort beim unvermeidlichen Thema: Frauenfußball.« So schreibt Wiebke Porombka in ihrem Buch *Der Zwölfte Mann ist eine Frau*, erschienen 2013 im Berlin Verlag. Es ist das einzige von einer Autorin verfasste, ernsthafte Fußballbuch, das mir bekannt ist. Porombka erzählt darin aus ihrem Leben als Werder-Fan – eine stabile Identität, die ihr schon in den 80er-Jahren zufiel und sie bis heute am Wochenende ins Stadion trägt. Ich würde sehr gern mal ein Bier mit ihr trinken, muss aber aus guten Gründen befürchten, dass sie mich blöd finden wird. Weil ich erstens nur selten im Stadion bin. Weil meine Liebe zum BVB es zweitens erlaubt, trotzdem Gladbach oder St. Pauli von Herzen zu mögen (und sogar Sympathien für Werder zu hegen), obwohl das einer ernst zu nehmenden Fan-Existenz eigentlich widerspricht. Und weil ich mich drittens regelmäßig für die deutsche Nationalelf begeistere, obwohl da lauter Leute auf dem Platz stehen, die sonst ein Bayern-München-Trikot tragen (und manchmal sogar eins von Schalke), ich war ja sogar schon zu seiner aktiven Zeit Oliver-Kahn-Anhängerin, nach dem Motto *guter Mann, falscher Verein*. Aber die Einladung zum Bier gilt. Denn vor allem bin ich Wiebke Porombka dankbar für ihr Kapitel über Frauenfußball. So dankbar, dass ich sie im Folgenden immer wieder zitieren möchte. Sie traut sich nämlich auszusprechen, was ich nur schwer über die Lippen bringe: »Frauenfußball interessiert mich nicht.«

Darf eine Frau das sagen? Verrät sie damit nicht einen Jahrhunderte währenden Kampf, der längst noch nicht ausgefochten ist? Fällt sie nicht den Schwestern in den Rücken, die heute auf dem Rasen auflaufen, damit Sepp Herberger (»Fußball ist keine Sportart, die für Frauen geeignet ist, eben schon deshalb, weil er ein Kampfsport ist.«), Gerd Müller (»Warum sollen Frauen hinter dem Ball herlaufen? Sie gehören doch hinter den Kochtopf.«) oder Wim Thoelke (»Die Zuschauer brauchen sich gar nicht aufzuregen. Die Frauen waschen doch ihre Trikots selber, wenn sie in den Schlamm fallen.«) endlich nicht mehr zitierfähig sind? Bei Porombka heißt es weiter: »Frauenfußball ist seit der WM 2011 zu einem – herrlich unproblematischen, weil unwichtigen – Aushängeschild für Emanzipation geworden. Wer als Mann Frauenfußball lobt, kriegt auf dem Political-Correctness-Konto gleich ein paar Punkte gutgeschrieben. Aber verdammt, es geht um Fußball, nicht um Gleichberechtigung. Wo kämen wir hin, wenn wir so anfingen?« In der Tat: Sobald Männer sich positiv über Frauenfußball äußern, wirkt das häufig verstellt und bemüht – wie überall, wo uneigentlich gesprochen wird, wo es nur darum geht, Konventionen zu wahren. Da ist mir der Macho-Scheiß, der in diesem Zusammenhang weiterhin produziert wird, fast lieber weil unverlogen: Frauenfußball sei wie Pferderennen mit Eseln und Mann warte eh nur auf den Trikottausch. (Besonders erwähnenswert finde ich in diesem Zusammenhang noch die Facebookgruppe namens »Frauenfußball ist wie Tieren beim Sterben zusehen«. Und Nico Rosbergs Antwort auf die Frage, ob er bei der Frauen-WM 2011 denn auch mal ein Spiel gucken wolle: »Man schaut doch auch Paralympics.«)

Ich kenne nur einen echten männlichen Frauenfußballfan: Meinen achtundachtzigjährigen Opa. Der sitzt zusammen mit meiner Oma bei jedem Turnier vor dem Fernseher und findet das toll. Und ich kann mir dann nicht verkneifen zu denken: Klar, das erinnert ihn ja auch an den Fußball, der gespielt wurde, als er noch jung war. Ihm ist der Männerfußball heute nämlich zu schnell, und bei zu viel Ballbesitz eines Teams wird ihm langweilig. Aus emanzipatorischen Gründen interessiert er sich jedenfalls ganz sicher nicht für die Damen-Nationalmannschaft und würde vermutlich auch nicht verstehen, warum mich das Kaffeeservice von Villeroy & Boch, das der DFB 1989 (!) den deutschen Spielerinnen nach dem EM-Titelgewinn spendierte, immer noch aufregt.

Die Geschichte des Frauenfußballs ist auch die Geschichte weiblicher Emanzipation, da fährt die Eisenbahn drüber. Sie beginnt im Mutterland des Fußballs, England, wo an den Eliteschulen Mädchen bereits in der zweiten Hälfte des 19. Jahrhunderts in aller Selbstverständlichkeit Fußball spielten. 1894 gründete sich die erste Damenmannschaft, die Spielerinnen trugen Röcke über den Knickerbockern und tatsächlich: Es kamen Zuschauer, um sich das anzusehen, viele sogar. Während des Ersten Weltkriegs und kurz danach war Frauenfußball besonders populär (und das nicht nur in England), schließlich waren die meisten Männer an der Front, und die Profiligen machten Pause. Doch 1921 verbot der englische Fußballverband Frauen aus heiterem Himmel die Nutzung der Stadien, weil Fußball »für Frauen nicht geeignet« sei. In Deutschland warnten Gynäkologen zur gleichen Zeit schon vor der »Vermännlichung des weiblichen Geschlechts«. Für die Nazis war die Vorstellung, dass eine anständige deutsche Frau vor den Ball tritt, dann sowieso indiskutabel, und 1953 veröffentlichte der niederländische Psychologe und Anthropologe Frederik Buytendijk seine viel beachtete *psychologische Studie* über das Fußballspiel, der zufolge Fußball für Frauen »wesensfremd« sei: »Das Treten ist wohl spezifisch männlich, ob darum Getretenwerden weiblich ist, lasse ich dahingestellt. Jedenfalls ist das Nicht-Treten weiblich!« Mit solch schlagenden Argumenten munitioniert, verhängte der DFB zwei Jahre später gleich ein gesamtes Frauenfußball-Verbot: »Den Vereinen wird untersagt, Frauen aufzunehmen oder ihnen Sportplätze zur Verfügung zu stellen. Im Kampf um den Ball verschwindet die weibliche Anmut, Körper und Seele erleiden unweigerlich Schaden und das Zurschaustellen des Körpers verletzt Schicklichkeit und Anstand.« O Graus. Erst 1970 nahm der Verband diesen unsäglichen Stuss wieder zurück – inzwischen waren bereits einige Vereinsmannschaften, die unter *Alte Herren* firmierten, in Wahrheit Damenteams. Aber ganz ohne Einschränkungen wollte man die Frauen immer noch nicht gewähren lassen, deshalb durften sie keine Stollenschuhe tragen, nur 70 Minuten lang mit Jugendbällen spielen und zwischen November und März gar nicht. Das absichtliche Handspiel zur Vermeidung schmerzhafter Begegnungen mit dem Ball war allerdings ausdrücklich gestattet.

Merke: Frauenfußball wurde und wird von Männern zum Anlass genommen, Frauen auf dusselige Rollenklischees zu reduzieren und sich die Deutungshoheit über *echte Weiblichkeit* anzumaßen. Dagegen ist heute nur ein Kraut gewachsen: lautes Gelächter. Ansonsten gilt: Entscheidend is auf'm Platz. Und da startet 1990 die Frauenfußball-Bundesliga in ihre erste Saison, das Spiel der Damen folgt mittlerweile denselben Regeln wie das der Männer, Stollenschuhe und Erwachsenenbälle sind also dankenswerterweise erlaubt.

1991 findet die erste Frauenfußball-WM in China statt, und seit 1996 gehört Frauenfußball zum Programm der Olympischen Spiele. Das Fernsehen ist live dabei und tut so, als mache es – mal abgesehen von den lächerlichen Gehältern und Prämien, die die Damen im Vergleich zu ihren männlichen Kollegen kassieren, aber das gilt schließlich auch in vielen anderen Berufen – keinen Unterschied, wer da auf dem Platz steht. Doch entspricht das der Wahrheit?

Ich habe in all den Jahren vielleicht fünf Frauenfußballspiele in Gänze geguckt (jüngst erst das Olympia-Finale im *Maracanã*, wo die deutsche Nationalelf am letzten Arbeitstag von Silvia Neid die Goldmedaille gewann). Und wann immer ich dafür den Fernseher einschalte, stelle ich fest, dass das Spiel der Damen inzwischen absolut ordentlich ist. Und trotzdem interessiert es mich in etwa so sehr wie eine Partie zwischen Hoffenheim und Hertha (zwei Vereine, die mir herzlich wurscht sind), bei der es um gar nichts mehr geht. Nur dass ich da nicht darauf achten muss, auf keinen Fall Bemerkungen über Frisuren, Make-up oder Maniküre der Spieler zu machen. Übrig bleibt auf jeden Fall ein schlechtes Gewissen. Dabei ist es doch immer noch Fußball.

Wiebke Porombka hat sich die Mühe gemacht, diesem Phänomen auf den Grund zu gehen. In *Der Zwölfte*

Mann ist eine Frau beschreibt sie einen Stadionbesuch in Potsdam, auf dem Programm steht das Pokalhalbfinale der Frauen: »Das Problem sind nicht die Spielerinnen. (Obwohl, um ehrlich zu sein: ziemlich viele leichte Fehler. Viele Angriffe, die im Nichts verpuffen.) Vor allem aber der Rest ist das Problem. Rund zehntausend Menschen finden Platz im Stadion, heute sind etwa zweieinhalbtausend gekommen. ... Keine Weite, die sich öffnet, keine Atmosphäre, die das Spiel trägt. Und weil ich die ganze Zeit über das Loch drumherum nachdenke, kann ich gar nicht auf das Geschehen auf dem Platz gucken. ... Ich spüre einfach nichts: keine Spannung, keine Freude über gelungene Spielzüge. Warum fühle ich das sonst immer und hier nicht die Spur? ... Mein Blick bleibt am Fan-Blöckchen von *Turbine* hängen. Und plötzlich bin ich erlöst. Plötzlich weiß ich, dass ich recht habe. Dass hier etwas ganz grundsätzlich nicht stimmt. Denn was man hier wohl das Pendant zu den Ultras nennen müsste: Fans mit Schals, Trommeln, in diesem Fall auch mit Klappern – die sitzen an der Mittellinie. Das spricht doch Bände. Ein Fanblock ist hinter dem Tor. Ein Fanblock steht. Hier hat es sich der ›Fanblock‹ hinter den Trainerbänken gemütlich gemacht.«

Vereinfacht könnte man Porombkas Negativ-Erfahrung mit *fehlender Stimmung* erklären. Dieser Mangel ließe sich leicht beheben, indem man mit ordentlicher PR dafür sorgt, dass mehr Leute ins Stadion kommen – beim Olympia-Finale im *Maracanã* waren schließlich auch 75.000 Zuschauer da. Ich fürchte jedoch, die Sache ist komplizierter. Wenn wir uns für (Männer-)Fußball interessieren, schreiben wir uns nämlich ein in eine große Erzählung – ein Narrativ, das beim Frauenfußball (noch?) fehlt. Und dabei geht es nicht nur darum, niemals zu vergessen, wo, mit wem, in welcher Lebenslage und emotionalen Verfassung man die wichtigen, unvergesslichen Spiele gesehen hat (wobei das allein schon als brauchbare Lebenschronik taugen kann). Vor allem sind wir Teil eines kollektiven Wissens, das als Aura immer anwesend bleibt – wir können unsere Nachbarn in der Fankurve noch so bescheuert finden, auch sie tragen die großen und kleinen Mythen des Fußballs in ihrer DNA: *Das Wunder von Bern*, »Aus dem Hintergrund müsste Rahn schießen ...«, *Fritz-Walter-Wetter*. Das *Wembley-Tor*. Günter Netzer, der 1972 »aus der Tiefe des Raums« kommt und mit der DFB-Wunderelf den EM-Titel holt. Noch mal Netzer, der sich beim Pokalfinale '73 selbst einwechselt, um das Siegtor für Gladbach zu schießen. Die *Nacht von Belgrad*, wo Uli Hoeneß seinen Elfmeter wolkenkratzerhoch in den Himmel schickt. George Best, der sein Geld für Alkohol, Weiber und schnelle Autos ausgibt und den Rest einfach verprasst. Maradonas *Hand Gottes*. Wie Lars Ricken beim Champions-League-Finale erst eine Minute auf dem Platz steht und das Siegtor für Dortmund erzielt. Wie Oliver Kahn Heiko Herrlich in den Hals beißt. Das Bayern-München-Gegentore-in-der-Nachspielzeit-Trauma.

Das kaputte Tor in Madrid, das den Beginn eines Champions-League-Halbfinales um 76 Minuten verzögert, in denen sich Günther Jauch und Marcel Reif unsterblich machen: »Ein schnelles Tor würde dem Spiel guttun.« Das könnte ewig so weitergehen. Und ich habe bis jetzt noch nicht mal die Sepp-Herberger-Weisheiten oder Gary Linekers »Fußball ist ein einfaches Spiel: 22 Männer jagen 90 Minuten lang einem Ball nach, und am Ende gewinnen die Deutschen« zitiert. All diese Dinge sind eingegangen in das kollektive Gedächtnis der Menschen, die sich für Fußball interessieren. Sie bilden ein Narrativ, dienen als Code, mit dem man sich überall auf der Welt mit Fußballfans verständigen kann, eine Anspielung reicht. Sie laden jedes Spiel auf (sogar Hoffenheim gegen Hertha), sie sind der Boden unter jeder Fanblock-Tribüne. Und genau das, die geteilte große Erzählung mit all ihren Neben- und Unterkapiteln, kann der Frauenfußball nicht bieten. Vielleicht ändert sich das, wenn immer mehr Mädchen Fußball spielen und mehr schillernde Figuren à la Hope Solo (Torfrau des US-amerikanischen Frauenfußballteams, auf die ich später noch zu sprechen komme) ins Flutlicht treten – denn die braucht es ganz unbedingt, will man mehr sein als eine politisch korrekte Sportart. Vielleicht werden wir dann morgens beim Bäcker über das Spiel der Frauen von gestern Abend reden, vielleicht gibt es dann einen Code, bei dem jeder sofort Bescheid weiß. Aber noch ist das nicht so. Bis auf

Weiteres muss auch ich also bekennen: Ich interessiere mich nicht für Frauenfußball. Aber ich würde jederzeit dafür kämpfen, dass es ihn gibt.

Verbuddelte Kaninchen

Von meinem Freund Björn stammt die folgende Geschichte: Seine Schwester hatte als kleines Mädchen ein Zwergkaninchen, das bei schönem Wetter im abgezäunten Garten frei herumlaufen durfte. Eines Tages pflanzte die Mutter neue Blumen in einen der großen Bottiche, die hinten im Garten standen. Sie grub ein tiefes Loch in die Erde, bückte sich, um eine Pflanzstaude aufzunehmen, setzte sie in das Loch – und bemerkte nicht, dass da inzwischen das Zwergkaninchen reingehüpft war. Sie drückte die Erde fest und wässerte die Staude, was man eben so macht. Nach einer Weile fiel jemandem das Fehlen des Haustieres auf. Die Familie machte sich auf die Suche – erfolglos. Zwei Stunden später saßen alle bedröppelt im Wohnzimmer, die Schwester weinte. Björn blickte nach draußen und sah, wie eine Pflanze in einem der Bottiche sich zu bewegen begann. Sie wackelte und wackelte, kippte schließlich zur Seite, und ein schwer atmendes Zwergkaninchen steckte seinen Kopf aus dem Loch.

Diese Geschichte hat überhaupt nichts mit Fußball zu tun. Sie ist nur mit Abstand das Lustigste, was ich jemals im Zusammenhang mit Haustieren gehört habe.

Björn und ich traten im Mai 2015 gemeinsam ein Residenzstipendium im Künstlerhaus Lauenburg an. Unsere Wohnateliers hatten keine Fernseher, es war Saisonende und die Meisterschaft eh schon längst klar, aber der HSV musste noch in die Relegation gegen Karlsruhe, zum zweiten Mal in Folge, und ich gönnte dieser Rumpelbude samt befremdlichem Investor von Herzen den Abstieg, sie hatten es wirklich nicht anders verdient. Aber Björn war quasi auf der Westkurve des Volksparkstadions aufgewachsen (die heute aus mysteriösen Gründen Nordkurve heißt), und man konnte ihm ansehen, wie er litt. Wir suchten Lauenburg nach Kneipen ab, in denen Fußball gezeigt wurde, fanden aber keine. Blieben nur unsere Rechner. Mir war das Hinspiel nicht wichtig genug, ich wollte lieber arbeiten und nur ab und zu einen Blick auf den Liveticker werfen. Während des Spiels hörte ich aus Björns eine Etage tiefer gelegenem Atelier unterdrücktes Stöhnen, einmal knallte irgendwas gegen die Wand. Am nächsten Morgen stand dem armen Mann die Anstrengung ins Gesicht geschrieben: »Meine Nerven machen das bald nicht mehr mit.«

Das Rückspiel sah er sich allein in einem Kieler Hotelzimmer an, dort baute er gerade eine Ausstellung auf, hatte das Museum an diesem Tag aber früher verlassen und sich mit Bier ausgerüstet, um den Abend zu überstehen. Ich lag derweil auf meiner Studenten-Matratze in Lauenburg, hatte mein Laptop auf dem

Bauch und drückte dem KSC die Daumen. Björns SMS kamen beinahe im Minutentakt – irgendwo mussten sie schließlich hin, die Einsamkeit und die Anspannung. Wie die Relegation ausging, ist bekannt, der Dino konnte seine Erste-Liga-Uhr weiterlaufen lassen. Und Björn freute sich auf den Sommer in Lauenburg, wo er einmal würde durchatmen können.

Erst angesichts seines Leidens habe ich die Binsenweisheit von dem Verein, den man sich nicht selbst aussucht, sondern umgekehrt, wirklich begriffen. Seitdem bin ich milder zu Mathias, wenn der über die Einkaufs- und Überhauptpolitik von Hannover 96 wettert und schon am Anfang der letzten Saison voller Selbsthass prophezeite: »Wir steigen ab.« Kein Mensch, der richtig tickt, würde sein Herz an diesen langweiligen Club aus der niedersächsischen Tiefebene verschenken, aber: siehe oben. Und frau tut gut daran, diese seltsame Gefühlsverstrickung zu respektieren und keine dummen Witze darüber zu machen. Ich entschuldige mich deshalb noch im Nachhinein beim ehemaligen Chefdramaturgen des Staatsschauspiels Dresden. Weil es für den 1. FC Köln gerade nicht so gut lief und ich im Kinderzimmer seiner Tochter einen Spielzeug-Bus mit dem Vereinslogo entdeckte, hielt ich es für lustig, die Kleine überlaut zu fragen: »Was ist denn das für ein komischer Bus? Der fährt freiwillig den 1. FC Köln?«

»Das ist überhaupt kein komischer Bus«, schnappte der Chefdramaturg von nebenan zurück, bevor seine

Tochter auch nur Luft holen konnte. »Das ist ein Super-Bus und außerdem ihr liebstes Spielzeug.«

Humor war gestern, wenn es um den eigenen Verein geht. Und so waren auch Freund Jan und Freund Björn überhaupt nicht geneigt, das Hamburger *Rucksackgate* zu Beginn der Saison 2015/16 nur ansatzweise witzig zu finden, während Mathias und ich und der Rest der Republik Tränen darüber lachten. (Fairerweise möchte ich hinzufügen: Die Wahrheit über diesen absurden Vorfall, bei dem Prämien- und Gehaltslisten von HSV-Spielern und -Betreuern angeblich auf einer Wiese verstreut lagen, weiß nur die Finderin der Dokumente. Und die *BILD-Zeitung*, vielleicht.) »Es ist gut, dass jetzt alles Schreckliche auf einmal passiert«, erklärte Björn mit stoischer Miene. »Dann ist für den Rest der Saison hoffentlich Ruhe.«

Wahrscheinlich ist die Treue zu einem Verein, der nicht Bayern München heißt (Fan eines Rekordmeisters zu sein, der seinem einzigen Bundesligakonkurrenten regelmäßig die wichtigsten Spieler wegkauft, ist nun wirklich keine Kunst), ein Zeichen von Charakter. Und frau sollte auf der Suche nach potenziellen Vätern für eigene Kinder vielleicht überprüfen, ob einer es schafft, es immer noch mit Werder zu halten. Oder eben mit Hannover 96. Wobei auch die mit der Raute im Herzen (aka Borussia-Mönchengladbach-Anhänger aka Fohlen-Fans) Anfang der Saison 2015/16 wenig zu lachen hatten und sich einem eingebuddelten

Karnickel vermutlich seelenverwandt fühlten. Wer aushält, dass ein Champions-League-Teilnehmer nach fünf Bundesligaspieltagen noch immer keinen einzigen Punkt geholt hat, von dem kann man Loyalität und Krisenfestigkeit in jeder Lebenslage erwarten.

Natürlich gibt es Auswüchse. Während meiner Theaterarbeit in Dresden stellte ich zu meinem Erstaunen fest, dass die Clubkneipe von Dynamo vorauseilend *Dynamischer Geistertreff* heißt. Man scheint also eine Vereinsidentität, zu der es gehört, immer wieder so sehr Krawall zu machen, dass man zur Strafe unter Ausschluss des Publikums spielt, durchaus zu bejahen. Nachdem *Femen* als Antwort auf Pegida die – zugegeben grottendämliche – Aktion brachte, auf blankem Busen zu fordern *Bomber Harris, do it again!*, rächten sich gekränkte Dynamo-Fans beim nächsten Auswärtsspiel in Münster mit einem Transparent folgenden Inhalts, Achtung jugendgefährdend und kann zu Unterleibskrämpfen führen: *Femen-Fotzen das Arschloch mit Wichse zubomben!* Angesichts dieser ausgefeilten Agit-Prop-Lyrik muss einen in Dresden eigentlich gar nichts mehr wundern.

Freund Björn wurde eine ruhige Saison geschenkt, in der sein HSV keine besonderen Höhenflüge, aber auch keine großen Dramen erlebte. Und immer wieder saßen wir zusammen auf der Künstlerhaus-Terrasse, um auf die Elbe zu schauen und über Fußball zu reden. (Oder darüber, dass Jens Lehmann nach dem etwas vergurkten EM-Qualifikationsspiel gegen Georgien allen Ernstes gesagt hat, der im Ruhrpott aufgewachsene Ilkay Gündogan sei intelligent und spreche super Deutsch.) Schade nur, dass sich die beiden anderen Stipendiatinnen nicht die Bohne dafür interessierten. Ich liebe sie immer noch sehr und kann mich mit ihnen ganz hervorragend über Kunst und alles, was noch wichtig ist, unterhalten, bloß bei Fußball steigen sie aus. Dafür erfuhr man in ihrer Anwesenheit vom kurzfristig vergrabenen Zwergkaninchen, das Björns Schwester gehörte. Und diese Geschichte und das große Gelächter auf der Lauenburger Terrasse, für das sie sorgte, möchte ich keinesfalls missen. Das Viech hat nach seinem Abenteuer im Bottich übrigens noch ein paar Jahre zufrieden und glücklich gelebt.

Aufstiegsträume

Nachdem der Taxifahrer kapiert hat, dass ich ihm wirklich zuhöre, stellt er das Taxameter ab und fährt mich gratis weiter durch Berlin. Er erzählt von seinem Aufwachsen im Wedding, zusammen mit den Boatengs hat er auf der Straße gekickt – genauer gesagt: im Fußballkäfig an der Panke –, für diese Duelle unter Halbbrüdern reiste Jérôme extra aus dem gutbürgerlichen Wilmersdorf an. Wie die Boatengs wurde er als Jungspieler von Hertha unter Vertrag genommen, ging nach Hamburg, um in der zweiten Mannschaft des HSV zu spielen – und um sich dann so zu verletzen, dass es vorbei war mit der Profikarriere. Heute gehört ihm ein kleines Taxiunternehmen, und er sagt, er sei zufrieden mit seinem Leben. Aber man spürt, dass ihn der Traum, den auch mein Schwiegervater bis zu seinem Tod träumte, niemals ganz losgelassen hat. Immerhin kommt Jérôme ihn noch manchmal besuchen.

Wie Popmusik, Kunst und Schauspielerei ist auch der Fußball ein Vehikel, mit dessen Hilfe man gesellschaftlich und finanziell gewaltig *aufsteigen*, seine womöglich prekären Herkunftsverhältnisse hinter sich lassen kann. (Der Maler Gerhard Richter hat einmal gesagt: »Mit Kunst kann man kein Geld verdienen, aber irgendwann sehr reich werden.«) Genau das ist es ja, was all diese Träume so groß macht, weil es darum geht, durch ein besonderes Talent ganz *nach oben* zu kommen, dahin, wo man sich selbst neu erfinden kann. Ein ausgesprochen gutes Buch zu diesem Thema ist die 2011 erschienene Biografie von Zlatan Ibrahimovic. Sie schildert nicht nur den Aufstieg des armen Einwandererkinds zum internationalen Fußballstar und Multi-Millionär (dessen Dauer-Rüpeleien ihm nicht nur in Schweden keiner mehr übel nimmt, man stelle sich vor, Cristiano Ronaldo würde sich jemals so aufführen), sondern auch den Antrieb dahinter: Autor David Lagercrantz sprach bei der Buchveröffentlichung von einem »Bedürfnis nach Vergeltung, das aus dem Bewusstsein der Klassenzugehörigkeit entsteht«.

»Wer mich stoppen will, muss mich umbringen«, sagte *Ibrakadabra* selbst und meinte damit wohl nur zum Teil die Defensive der gegnerischen Mannschaft. Beim FC Barcelona fühlte er sich gar nicht wohl, seine Mitspieler hielt er für brave Schuljungs, und Trainer Pep Guardiola provozierte ihn mit dem Hinweis, als Barca-Spieler komme man nicht im Ferrari oder Porsche zum Training. »Ich ahnte, hinter seinen Worten verbarg sich etwas anderes«, heißt es in Ibrahimovic' Biografie. »Glaub' ja nicht, dass du jemand bist.« Das konnte nicht gut gehen, man trennte sich nach nur einer Saison. Beim FC All Stars Paris St. Germain störte sich dann niemand mehr an Ibras Autos. Und bei

Manchester United, dem Nachbarn vom Scheich-Spielzeug-Club Manchester City, wo Guardiola sich nun unappetitlicherweise verdingt hat, fragt bestimmt auch keiner danach.

Viele, unendlich viele scheitern jedoch an dem Traum, den zu realisieren Zlatan Ibrahimovic und Jérôme Boateng (und dessen Bruder Kevin Prince zumindest im Ansatz) gelungen ist. Und wer es danach noch zu einem freundlichen Taxifahrer bringt, kann stolz auf sich sein, gemessen am brutalen Absturz, der möglich ist, wenn der Fußball sein grausames Gesicht zeigt.

Beim Bürgerbühnenfestival 2015 in Mannheim besuchte ich die Vorstellung *Michael Essien, I want to play as you* von Regisseur Ahilan Ratnamohan, produziert in Antwerpen: Sechs junge, westafrikanische Fußballspieler zeigen auf der Bühne kraftvolles Tanztheater aus Trainingschoreografien und erzählen währenddessen ihre Geschichten. Wie der Fußball als Ausweg aus der Armut erscheint. Wie dann tatsächlich ein *Spielerberater* vorbeikommt und ihnen eine glänzende Karriere beim FC Barcelona oder vergleichbaren europäischen Vereinen verspricht. Wie diese Jugendlichen Familie und Freunde zurücklassen, ein paar Brocken Englisch lernen, um dann bei unterklassigen Clubs in Albanien oder Finnland zu spielen, in ihren Verträgen steht, dass sie – im Falle einer Verletzung – kein Anrecht auf Bezahlung mehr haben. Jahr für Jahr werden die Vereine schlechter und die Bedingungen noch mieser, irgendwann geht ihr Spielerberater nicht mal mehr ans Telefon, wenn sie anrufen. Zurück nach Afrika können sie nicht, für ihre Familien wäre dieses Eingeständnis von Scheitern eine zu große Schande. Und so werden zu Hause erfundene Helden-Storys erzählt von den Söhnen, die in Europa erfolgreich sind, während sie in Wahrheit keine Arbeit und kein Visum mehr haben und sich illegal in unseren Großstädten aufhalten, wo es zumindest Netzwerke gibt, die helfen beim Überleben. Was ihnen bleibt, ist der Fußball. Täglich trainieren sie, im Stadtpark, auf öffentlichen Bolzplätzen. Nicht aus Freude am Spiel, sondern um sich fit zu halten für den Fall, dass doch noch ein Wunder geschieht, dass ein neuer Verein sie unter Vertrag nimmt. »You may not see us, you may not know us«, sagt einer der Spieler auf der Bühne. »But we are training every day. All over Europe, all over the world.« Das ist die Kehrseite des großen Traums. Und zynischer Menschenhandel im Namen des Fußballs und seiner Verheißung auf ein besseres Leben. Seit diesem Theaterabend hat sich mein Blick auf die im Park nebenan kickenden jungen Männer mit Migrationshintergrund deutlich verändert. Aber ich habe mich noch nie getraut, sie zu fragen, ob sie hier um ihr Leben trainieren oder einfach nur Spaß haben.

Fällt irgendjemandem eigentlich eine erfolgreiche deutsche Sportlerin ein, deren Herkunft sich mit jener der Boateng-Brüder (und schon die hatten sehr ungleiche Voraussetzungen) oder Zlatan Ibrahimovics vergleichen ließe? Mir nicht. Im bürgerlich-badischen Brühl wurden Töchter zum Tennistraining geschickt, im Wedding wohl eher nicht. Berge, auf denen man zur Ski-Weltmeisterin hätte heranreifen können, sind dort auch nicht zu finden. Und selbst wenn es damals Weddinger Mädels gegeben haben sollte, die Fußball spielten, wären sie damit niemals reich und berühmt geworden. Man muss schon einen Blick über den Atlantik werfen, will man eine Superstar-Sportlerin aus ähnlich rauen Verhältnissen finden, deren Klappe mindestens so groß ist wie Zlatans: Hope Solo, Torfrau des US-amerikanischen Frauenfußballteams, das 2015 den Weltmeistertitel holte. Obwohl ihr Vermögen *nur* auf 2,5 Millionen Dollar geschätzt wird, kann die Tochter eines italoamerikanischen Vietnam-Veteranen, der zeitweilig obdachlos in den Wäldern um Seattle lebte, und einer alkoholkranken Mutter skandalmäßig absolut mithalten. Häusliche Gewalt, Nacktfotos, Doping, Alkohol-Abuse, verbale Ausfälle – was anderen prominenten Frauen eher die Karriere verhagelt, heißt bei Hope Solo *schillernde Persönlichkeit.* Und ich fürchte, das muss man als emanzipatorischen Fortschritt verbuchen.

Ernst-Kuzorra-seine-Frau-ihr-Stadion

Wir schreiben das Ende der 90er-Jahre. Ich stöckele auf monströs hohen Absätzen, in Netzstrümpfen und einem hautengen Paillettenkleid durchs Kasseler *Theaterstübchen* und versuche, Tombolalose an den Mann zu bringen. Die voll besetzte Kneipe singt derweil, mich meinend: »Ganz München war schon auf ihr drauf – Lolita Morena ...« Was war passiert?

Zwei Schauspieler aus dem Staatstheaterensemble waren mit der Idee auf mich zugekommen, in der Theaterkneipe eine Late-Night-Veranstaltung zu machen. Einer von ihnen wollte die legendäre *Ich habe fertig*-Rede von Giovanni Trapattoni rezitieren, der andere aus dem frisch erschienenen Tagebuch *Mein Tagebuch* von Lothar Matthäus vorlesen. Sie suchten noch eine Frau, die Matthäus' Gattin Lolita verkörpern und in der Pause Tombolalose verkaufen sollte. Klang lustig, natürlich war ich dabei. Und wunderte mich über die jungen Schauspielerinnen, von denen sich keine einzige dazu bereit erklärt hatte, bei diesem Spaß mitzutun. (Dass sie bessere Berater als ich an ihrer Seite haben könnten, kam mir nicht in den Sinn. Mein damaliger Bayern-München-Anhänger ließ mich jedenfalls voll in die Falle laufen, und ich bin sicher, er hat es gewusst.)

Als ich auf der Bühne saß und meinen *Ehemann* bewundernd anhimmelte, während er unter anderem die verblüffende Tatsache verkündete, er sei in Mailand am liebsten *beim Italiener* essen gegangen, dämmerte mir bereits, dass das Ganze ein Eigentor werden könnte. Und beim vom Gesang untermalten Verkauf der Tombolalose (ich habe vergessen, was es zu gewinnen gab) wünschte ich mir dann nur noch, der Boden unter mir würde sich auftun und mich samt Paillettenkleid und toupierter Frisur verschlingen, sagen durfte ich ja nichts, denn Text war bei meiner *Rolle* nicht vorgesehen. Von nun an konnte ich so tolle Theateraufführungen inszenieren, wie ich wollte, dachte ich verzweifelt – in Kassel würde ich für immer die peinliche Tussi bleiben, über die eine ganze Kneipe sich totgelacht hatte. (Die jungen Schauspielerinnen saßen selbstverständlich alle im Publikum, um meinen Untergang zu bezeugen. Eine von ihnen kam hinterher zu mir und sagte: »Ich habe dich sehr bewundert für deinen Mut.«)

Hätte ich damals schon etwas von Fußball verstanden (oder einen Mann an meiner Seite gehabt, dem etwas an der Aufrechterhaltung meiner Würde gelegen hätte), wäre mir diese Demütigung erspart geblieben. Ich hätte nämlich gewusst, dass bestimmte, zum Kontext gehörige *role models* keinerlei Raum für selbstverständlich emanzipierte Weiblichkeit lassen. Aber vor meinem Auftritt im *Theaterstübchen* glaubte ich eben noch ans postmodern-ironische Dekonstruieren von

Frauenbildern, so hatte ich das im Feministische-Literaturwissenschafts-Seminar schließlich gelernt.

Dass Spielerfrauen überhaupt Objekte öffentlichen Interesses geworden sind, ist so bedauerlich wie logisch – die Boulevardisierung der Wirklichkeit erlaubt nun mal keine weißen Flecken. (Was hatten die Damen nach dem WM-Finale in Brasilien eigentlich auf dem Rasen verloren?) Um weibliche Fans hingegen wirbt der Fußball schon deutlich länger, als viele meinen, nur wurde bei der Wahl der Mittel gern mal in die Vollidioten-Kiste gegriffen. Bereits zur Weltmeisterschaft 1966 wünschte man sich deutlich mehr Frauen vor den Fernsehern, also heuerte die BBC den Ex-Nationalspieler Jimmy Hill an, der die Regeln des Spiels so erklären sollte, dass auch ein weibliches Gehirn sie verarbeiten könne – wieso ausgerechnet ihm Expertise in Sachen neurobiologische Besonderheiten des anderen Geschlechts zugetraut wurde, verliert sich leider im Nebel der Geschichte. Wirklich erfolgreich kann dieses prähistorische Gendermainstreaming nicht gewesen sein: Nur ein paar Jahre später plante HSV-Präsident Peter Krohn nämlich, Frauen durch neue Spieler-Trikots in Rosa und Hellblau für den Fußball zu gewinnen. »Diese Farben gefallen Frauen«, erklärte er und hätte sich über spätere Proteste weiblicher Fanorganisationen, die sich *Stoppt Rosa!* auf die Fahne schrieben oder – in Düsseldorf – »Ey Alter, Fortuna ist rot-weiß«, sicher schwer gewundert. In Österreich ging man so weit, Zuschauerinnen generell ermäßigten Eintritt zu gewähren (irgendwann klagte ein sich diskriminiert fühlender Mann dagegen), bei Sturm Graz erhielt der weibliche Teil des Publikums sogar rosafarbene Tickets. Und noch im Jahr des Sommermärchens 2006 rief der 1. FC Saarbrücken ein Spiel gegen die Sportfreunde Siegen zum *Frauentag* aus – Frauen hatten freien Eintritt und wurden vom Stadionsprecher mit folgenden Worten begrüßt: »Liebe Frauen, das Grüne da unten ist der Rasen. Das Weiße sind die Tore. Das Rote, das ist der Gegner Sportfreunde Siegen. Jubeln dürft ihr erst, wenn unsere Jungs ein Tor gemacht haben.«

Es ist also gar nicht lange her, dass Frauen im Fußballkontext als putzig-grenzdebile Spezies behandelt wurden, die allerdings – verblüffend – mit eigenen Portemonnaies ausgestattet war. Und da wollte man selbstverständlich ran und will es bis heute. Immerhin: Kein PR-Mann, der bei Verstand ist, würde mehr auf die Idee kommen, Trikots in Babyfarben könnten zu größeren Marktanteilen bei der weiblichen Zielgruppe führen. Doch weibliche Stimmen werden, sobald ein Gespräch in größerer Runde sich dem Fußball zuwendet, immer noch schnell überhört (für die Themen Wirtschaft und Politik gilt dasselbe). Was nur zum Teil daran liegt, dass Frauen sich zu wenig für diesen Sport interessieren, um ernsthaft mitreden zu können. Männer lieben nun mal die Komplexitätsreduktion – sind dann auch noch Geschlechtsgenossen und Bierflaschen zugegen, kann es ihnen passieren, dass sie sich plötzlich in der gemütlichen Steinzeit-Höhle wähnen, wo die Frau im Bärenfell gefälligst eine gute Figur machen soll, aber kein Gegenüber auf Augenhöhe mehr ist. Direkt vor der Höhle wartet dann auch schon ein Team von RTL2. »Im Bett kann eine Frau so herrlich sein«, sagt Rudi Gutendorf, der als Trainer mit den meisten internationalen Engagements im Guinnes Buch der Rekorde steht, bereitwillig in die Kamera. »Auf dem Fußballplatz wird sie mir aber immer schrecklich vorkommen.« Und Willi Lemke, Ex-Manager von Werder Bremen, fügt hinzu: »Das beste Trainingslager ist eine Frau, die eigene natürlich.« Berti Vogts wiederum formuliert die wirklich bemerkenswerte tiefenpsychologische Einsicht: »Hass gehört nicht ins Stadion. Die Leute sollen ihre Emotionen zu Hause in den Wohnzimmern mit ihren Frauen ausleben.« Und der ehemalige Bundespräsident Johannes Rau antwortet auf die Frage, ob ein Fußballstadion nicht auch mal nach einer Frau benannt werden könnte, von seiner Wolke herunter: »Und wie soll dann bitte so ein Stadion heißen? Vielleicht Ernst-Kuzorra-seine-Frau-ihr-Stadion?«

Wenn ich wieder einmal in einem Rudel männlicher Alphatiere feststecke, von denen nur die Hälfte wirklich über Fußball Bescheid weiß, mich aber entweder gar nicht erst zu Wort kommen lässt oder geflissentlich überhört (um dann, wenn Mathias wiederholt, was ich gerade gesagt habe, das einen interessanten

Beitrag zu finden), aktiviere ich mein ganzes Mitgefühl für diesen Testosteron-Quatsch, der ja auch furchtbar anstrengend sein muss, und werde laut und grob. (Und nein, sexy ist das ganz sicher nicht.) Irgendwann blähen sie irritiert ihre Nüstern und halten kurz mal die Klappe. In diesem kostbaren Moment von Ballbesitz gilt es, irgendetwas Tikitakamäßiges zur Verfügung haben, etwas, das mehr Kompetenz unter Beweis stellt als die Überlegung, ob es einer Mannschaft geholfen hätte, wäre sie öfter über die Außen gekommen (was sonst mit neunzigprozentiger Wahrscheinlichkeit ein konstruktiver Diskussionsbeitrag ist), etwas, das frau weiterhin *airtime* sichert. Spielsysteme und -philosophien bieten sich an, weil ihre Komplexität auch die meisten Männer an ihre Grenzen führt. Sind drei Sechser wirklich eine gute Idee? Sollte man die eigene Aufstellung nach dem Gegner richten? Hat nicht das Spanien der goldenen Generation immer sein Ding durchgezogen, ganz egal, wen Iniesta und Co. schwindelig spielten? Gelingt solch ein überfallartiger Konter, werden aus röhrenden Zwölfendern ganz schnell wieder normalmoderne Männer, mit denen man sich vernünftig unterhalten kann.

Lolita Morena hat, bevor sie Miss Schweiz und Frau Matthäus wurde, übrigens Archäologie studiert, außerdem spricht sie vier Sprachen. Merke: Um sich zur albernen Deko-Trophäe reduzieren zu lassen, muss man nicht mal ausgewiesen blöd sein.

Schalke 05

Von ZDF-Sportmoderator Wolf-Dieter Poschmann ist folgende Äußerung überliefert: »Schalten wir rüber zum SV Schalke.« Sie wird in fast jeder Liste mit *lustigen Fußballzitaten* geführt, dennoch bringt man sie nicht als Erstes mit ihrem Urheber in Verbindung, und Poschmanns Karriere hat sie auch keinen Abbruch getan. Am 21. Juli 1973 sorgte hingegen ein Versprecher, der interessanterweise ebenfalls mit dem Gelsenkirchener Bundesligisten zu tun hatte, dafür, dass Männer meinen, für immer ein Argument gegen Frauen als Fußballexpertinnen in der Hand zu haben: »FC Schalke 05 gegen – jetzt hab' ich's vergessen – Standard Lüttich.« Gesprochen wurden diese legendären Worte von Carmen Thomas, der ersten Frau, die jemals eine Sportsendung im deutschen Fernsehen moderierte. Vor ihrem zweiten Auftritt im *Aktuellen Sportstudio* publizierte die *BILD AM SONNTAG* bereits einen Verriss – die Zeitung lag vor Sendebeginn in den Kiosken, und Carmen Thomas sagte, bevor sie die Vorverurteilung live im Fernsehen verlas: »Sie brauchen heute nicht zu gucken, weil eine große deutsche Zeitung schon weiß, wie ich heute sein werde.« Eigentlich eine ziemlich lässige Art, mit einem solchen Frauen-Bashing umzugehen. Und wäre da nicht die Sache mit *Schalke 05* gewesen, würde Carmen Thomas bis heute als erfolgreiches Gegenargument taugen, um Männern, die finden, Frauen und Fußball seien wie Playstation ohne Controller, wie Durst und warmes Bier oder einfach wie Frauen und Autos, das Maul zu stopfen. Erst 18 Tage nach dem Versprecher brachte die *BILD-Zeitung* die Geschichte auf Seite 1 und behauptete, Thomas sei deshalb entlassen worden. Noch heute heißt es immer wieder, *Schalke 05* habe ihre Karriere beim Sportstudio beendet, dabei moderierte Thomas die Sendung noch eineinhalb Jahre lang weiter, übrigens ohne besondere Vorkommnisse.

Fest steht: Fehler passieren, wenn Menschen live Fußball oder sonst was kommentieren. Die Versprecher und Stilblüten von Poschmann, Béla Réthy und Co. füllen ganze Bücher. Wir amüsieren uns darüber, und die Typen wirken durch ihre ganz normale Fehlbarkeit keineswegs inkompetent, sondern eher sympathisch. Frauen hingegen kann der kleinste Fakten-Wackler leicht den Hals brechen. Und das gilt nicht nur für den Anfang der 70er-Jahre (eine Zeit, in der eine Frau, die arbeiten wollte, dafür noch die Erlaubnis ihres Ehemanns einholen musste – hat Carmen Thomas das wohl gemacht? – das Gesetz wurde jedenfalls erst 1976 geändert), es gilt heute genauso.

12. Juni 2014. Mathias und ich sehen das WM-Eröffnungsspiel bei unserem Freund Matthew, der

– obgleich er schon seit fast vierzig Jahren in Deutschland lebt – *Kick-and-rush* immer noch für eine raffinierte Taktik hält und den Champions-League-Sieg des FC Chelsea 2012 »verdient« fand, aber das nur am Rande. Gastgeber Brasilien spielt gegen Kroatien, und nach einer Viertelstunde sage ich: »Ich habe Messi noch gar nicht gesehen.« Die Temperatur im Raum wird schlagartig zwanzig Grad kälter. Matthew erwidert sehr leise und durchaus gefährlich: »Messi spielt ja auch gar nicht.« Ich möchte sterben vor Scham, und die beiden Männer ignorieren mich für den Rest des Abends, völlig zu recht. Denn etwas Blöderes kann eine Frau, die von sich selbst behauptet, fußballkundig zu sein, kaum von sich geben. Dabei weiß ich, dass Messi kein Brasilianer ist, sondern für Argentinien spielt. Ich weiß es wirklich. Man könnte mich nachts aufwecken und mich danach fragen, ich würde die richtige Antwort geben. Und trotzdem habe ich das gesagt. Es sollte Wochen dauern, bis Mathias sich wieder dazu herabließ, mit mir über Fußball überhaupt nur zu sprechen, und auch das lag einzig und allein daran, dass Deutschland Weltmeister wurde. Carmen Thomas hat auch gewusst, dass es *Schalke 04* heißt. Manchmal nützt das bloß nichts.

Nach ihr kamen übrigens noch andere Damen, Doris Papperitz, Sissy de Mas, Joan Haanappel und Christine Reinhart zum Beispiel, die formulierungstechnisch nie unangenehm auffielen. Eine Instanz wie

– sagen wir mal – Heribert Faßbender sind sie trotzdem nicht geworden. Oder Gaby Papenburg, die Anfang der 90er als Anchorwoman von *ran* Bekanntheit erlangte. Anlässlich der WM 2006 veröffentlichte sie gemeinsam mit der Jörg-Pilawa-Schwester Annette *Raus aus der Abseitsfalle – Das Fußballbuch für Frauen*. Der Klappentext versprach: »Damit Sie endlich mitreden können!« Dieses möglicherweise sogar gut gemeinte Buch gehört mit zum Kontraproduktivsten, was jemals im Themenfeld *Frauen und Fußball* publiziert worden ist. Denn Papenburg und Pilawa zeichnen – männliche Steinzeit-Fantasien bestätigend – den weiblichen Teil der Bevölkerung als unterkomplexe Wesen, die in Wahrheit die ganze Zeit *Sex and the City* glotzen und Manolo-Blahnik-Schuhe kaufen wollen, ihren Männern beim Fußballgucken aber trotzdem gern ein paar Schnittchen servieren und nun dank des Ratgebers und des durch ihn erworbenen Pseudo-Fußballwissens bei ihnen punkten können. Mit keinem Wort geht es um die Möglichkeit, ein eigenes Fußballinteresse oder gar ein von Männern unabhängiges Vergnügen zu entdecken – stattdessen wird die Abseitsregel anhand einer Chipstüte erklärt, die man seinem direkt vor dem Fernseher geparkten Kind nicht einfach von hinten über die dazwischen sitzenden Zuschauer zuwerfen darf.

1989 kommentierte zum ersten Mal eine Frau ein Fußballspiel im Radio. Und mit dieser Dame begann der Aufstieg eines Dreigestirns weiblicher Fußballkompetenz, das in den Nuller-Jahren besonders hell am Firmament erstrahlte (vermutlich, weil's drumherum immer noch finster blieb): Sabine Töpperwien, Monica Lierhaus und Katrin Müller-Hohenstein. Ich bewundere und verehre alle drei. (Monica Lierhaus übrigens auch für die Hartnäckigkeit, mit der sie sich ins Leben und in ihren Beruf zurückkämpft, und für die Ehrlichkeit, mit der sie über ihre Situation spricht.) Weil sie sich tapfer in den rauen Wind der Livesituation stellten und weiterhin stellen, wohl wissend, dass sie sich keinen Versprecher, keine Faktenunsicherheit, keinen einzigen Aussetzer à la »Ich habe Messi noch gar nicht gesehen« leisten dürfen. In den Sammlungen dämlicher Sprüche von Fußballexperten findet sich kein einziges Zitat dieser drei. Katrin Müller-Hohenstein, die ich persönlich im Experten-Tandem mit Oliver Kahn ganz besonders schätzte (aber auch damit machte man sich schon meist keine Freunde), patzte dann allerdings mit dem »inneren Reichsparteitag«-Spruch. Ist absolut dämlich, klar, und hat im deutschen Fernsehen nichts zu suchen. Sollte darin jedoch der Grund dafür liegen, dass sie bei den Turnieren jetzt nur noch Interviews führen und Mannschaftshotel-Reportagen machen darf, würde ich auch die männlichen Kollegen dringend bitten, ihr Vokabular auszumisten. Da sagt nämlich dauernd einer »Abnutzungskampf« oder gar »Abnutzungskrieg«, selbst unser Bundestrainer. Und das mag vielleicht die zutreffende Formulierung für Schlachten des Ersten Weltkriegs sein, aber ganz sicher nicht für Fußballspiele.

Der Anteil weiblicher Mitglieder im Verband Deutscher Sportjournalisten stagniert seit Jahren bei zehn Prozent. VDS-Präsident Erich Laaser vermutet, die geringe Quote habe auch mit mangelndem weiblichen Mut zu tun: »Ich glaube, dass sich nicht so viele trauen, weil alle immer hören, es sei eine Männerdomäne.« Er rät Frauen zu mehr Selbstbewusstsein und zum Netzwerken. Sie sollten »Koalitionen bilden mit anderen Frauen, die in diesem Beruf drin sind«. Dieser etwas hilflos anmutende Tipp ähnelt auffällig den Strategien, die Frauen empfohlen werden, wenn es darum geht, mehr Führungspositionen in Unternehmen zu besetzen – hier wie da eine zweischneidige Sache: Zum einen existieren eben weiterhin männliche Seilschaften, die bewusst oder unbewusst darauf abzielen, Frauen von Machtpositionen fernzuhalten. Zum anderen haben Frauen oft gar keine Lust, sich in solchen Strukturen abzukämpfen. Um im Zweifelsfall dann für immer die dumme Nuss zu sein, die einmal *Schalke 05* gesagt hat.

Der Statistik zum Trotz steht seit geraumer Zeit eine jüngere Generation von Sportjournalistinnen am Spielfeldrand, um Sieger und Verlierer zu interviewen. Was grundsätzlich eine undankbare Aufgabe ist, denn allzu viel Sachverstand lässt sich dabei selten beweisen, die Situation direkt nach einer Partie gibt das einfach nicht her. Besonders aufgefallen ist mir unter ihnen Laura Wontorra. Als sie den noch sichtlich unter Schock stehenden Dortmunder Trainer Thomas Tuchel, der gerade mit dem BVB hanebüchen gegen Liverpool ausgeschieden war, fragte, ob man den Gegner möglicherweise unterschätzt habe, pampte der sie an, als wäre sie ein gestandenes Mannsbild. (Was zunächst mal darauf hinweist, dass Thomas Tuchel ein wirklich emanzipierter Kerl sein muss, Samthandschuh-Sonderbehandlungen für Frauen gibt's bei ihm offenbar nicht.) Interessant war dann ihre – sehr weibliche – Reaktion: Am Ende des Interviews entschuldigte sie sich für die Unterstellung und erklärte, sie habe es nicht so gemeint. Mit weiblicher Harmoniesucht lässt sich das, glaube ich jedenfalls, nicht erklären, eher mit Einfühlungsvermögen in sein Gegenüber, das gerade eine schwierige Situation zu verarbeiten hat. Wontorras Autorität wurde dadurch jedenfalls in keinster Weise beschädigt. Und nicht nur dem Fußball, der ganzen Welt täte es gut, wäre diese Fähigkeit zur Empathie weiter verbreitet. Dann könnten nämlich nicht nur Frauen einräumen, dass man sich mit nassforschen Plattitüden eben auch mal vergaloppiert.

Unterirdisch-grotesk wurde es noch mal im Sommer 2016 – da kommentierte ZDF-Reporterin Claudia Neumann als erste Frau zwei EM-Spiele im Fernsehen. Obwohl ihre Redaktion mit Gegenwind gerechnet hatte

– der Shitstorm, der ausbrach, sprengte jeden vorstellbaren Rahmen, frustrierte Fußballprolls beschimpften Neumann in den sozialen Netzwerken auf das Übelste. Sie hingegen konterte nur: »Die meisten von denen waren noch nicht mal geboren, als ich schon Fallrückzieher versenkt habe.« Blitzsauber abgeschlossen, würde ich sagen.

Man darf sich mit dem Dreck, mit dem das Facebook- und Twitter-Prekariat um sich wirft, natürlich nicht allzu ausführlich befassen. Trotzdem bleibt festzuhalten, dass Expertinnen-Töne beim Fußball längst nicht selbstverständlich sind – und es fällt auf, dass ausgerechnet die beiden Frauen, die live kommentieren, dabei immer extrem (und durchaus unnatürlich) auf ihre Stimme drücken, vermutlich um dieser einen *männlicheren Klang* zu verleihen. Sie werden wissen, warum sie das tun. Aber ich bin der festen Überzeugung, dass das in zwanzig Jahren nicht mehr nötig sein wird. Dann werden jede Menge glockenheller Frauenstimmen Fußballübertragungen begleiten, ohne dass irgendeiner sich aufregt. Stimmen all der Töchter meiner Freunde zum Beispiel, von denen ganz viele zwanglos Fußball spielen und sich genauso zwanglos den Kopf über ihre Frisuren und Fingernägel zerbrechen.

Damit die Zeiten sich ändern, braucht es Wegbereiterinnen. Doch spätestens ab jetzt gilt im Zusammenhang mit öffentlich sichtbarer weiblicher

Fußballexpertise nur noch mein Lieblingszitat aus William Goldmans *Die Brautprinzessin*: »Bye-bye, girls. Have fun storming the castle!«

Abpfiff

August 2016. Paul Pogba wechselt für eine obszön hohe Ablösesumme von mutmaßlich weit mehr als 100 Millionen Euro zu Manchester United (aber es ist sowieso nur eine Frage der Zeit, bis auch dieser Rekord wieder gebrochen wird). Das IOC trägt in Rio de Janiero die olympische Idee endgültig zu Grabe, und der verurteilte Steuerhinterzieher Uli Hoeneß kündigt an, im November zurückzukehren als Präsident von Bayern München. Das Wetter ist außerdem lausig. Aber heute scheint die Sonne. Ich komme aus Dannenberg – dort habe ich meine Londoner Freundin Jennifer, die für einen Kurzbesuch bei uns auf dem Land war, zum Zug gebracht – und fahre über von Obstbäumen gesäumte Alleen zurück. Alte Bauernhäuser, Storchennester, perfekte Idylle. Gestern Abend hat Jennifer von der miesen Stimmung in London nach der *Brexit*-Entscheidung erzählt. Wir sprachen über die Lage in der Türkei, in Syrien, in der Ukraine. Um Donald Trump ging es natürlich auch. Und wie schon so oft kamen wir zu dem inzwischen wirklich nicht mehr originellen Ergebnis, dass die ganze aktuelle Beschissenheit der Welt ihre Ursache in einem außer Rand und Band geratenen Kapitalismus hat, der sich längst nicht mehr für die

Menschen interessiert. Während ich also in strahlendem Sonnenschein über die Elbbrücke bei Dömitz fahre, frage ich mich plötzlich, ob dieser Text richtig ist, ob ich wirklich ein Hohelied auf den Fußball anstimmen will. Auf einen im Vergleich zwar unwichtigen, aber deswegen nicht minder aktiven Handlanger des ganzen Wahnsinns. Und kann ich dann nicht auch gleich damit aufhören, mich mit bildender Kunst zu befassen?

Noch einmal Jean-Philippe Toussaint: »Die Brutalität der Welt bedroht den Fußball der Träume.« Ja, bedroht ist er zweifellos. Aber es gibt ihn noch (zum Beispiel in Gestalt des irgendwie aus der Zeit gefallenen, aber nichtsdestotrotz unerhört erfolgreichen Horst Hrubeschs, mit dessen Silbermedaillen-Jungs von Rio wir noch viel Spaß haben werden). Genauso wie den utopischen Kern in der Kunst, genauso wie das sonnige Elbidyll. Und all das ist verdammt noch mal zu verteidigen.

Ich möchte auch mit achtzig aus vollem Herzen »Heja BVB!« singen können, im Stadion, in der Kneipe oder vor dem Fernseher. Um mich herum lauter lustige Omis und Opis in schwarz-gelben Trikots, die ihre Hörgeräte auf volle Lautstärke gestellt haben und *11 Freunde* im Abo beziehen. Und die Omis müssen dann auch gar nicht »schlauer als 'n Mann über Fußball quatschen«. Sie müssen nur was von Fußball verstehen. Und Fußball lieben. Und alles, alles wird gut sein.

Danke

Jan Siegel
Markus Scheumann
Tania Kibermanis
Dr. Klaus Pierwoß
Carsten Fischer
Björn Siebert
Daniel Beskos
Peter Reichenbach
und Mathias Güntner

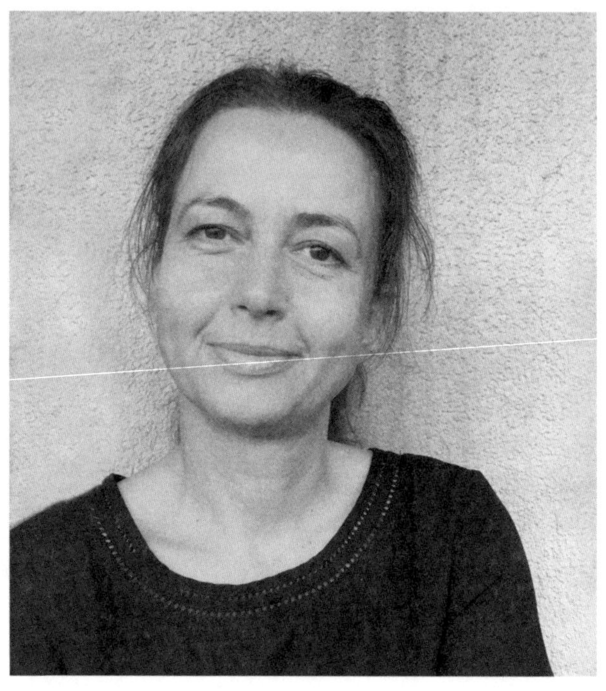

Dagrun Hintze wurde 1971 in Lübeck geboren und lebt seit 1999 als freie Autorin in Hamburg. Ihre Theaterstücke wurden bislang in Ulm, Dresden, Hamburg, Aalen und Winterthur uraufgeführt, für ihre Lyrik und Prosa erhielt sie mehrere Auszeichnungen (u. a. beim *open mike*). Außerdem publiziert sie regelmäßig über zeitgenössische Kunst und Dokumentartheater, geht während der *Sportschau* niemals ans Telefon und hat schon in Borussia-Dortmund-Bettwäsche geschlafen.